U0627252

译家之言

西风落叶

许渊冲 著

外语教学与研究出版社
北京

图书在版编目（CIP）数据

西风落叶／许渊冲著. —— 北京：外语教学与研究出版社，2015.5
（2023.9 重印）
（译家之言）
ISBN 978-7-5135-6051-1

Ⅰ. ①西… Ⅱ. ①许… Ⅲ. ①文学翻译－文集 Ⅳ. ①I046-53

中国版本图书馆 CIP 数据核字 (2015) 第 108251 号

出 版 人　王　芳
系列策划　吴　浩　易　璐
责任编辑　李旭洁
装帧设计　李双双
出版发行　外语教学与研究出版社
社　　址　北京市西三环北路 19 号（100089）
网　　址　https://www.fltrp.com
印　　刷　三河市紫恒印装有限公司
开　　本　787×1092　1/32
印　　张　9.5
版　　次　2015 年 6 月第 1 版　2023 年 9 月第 8 次印刷
书　　号　ISBN 978-7-5135-6051-1
定　　价　39.00 元

如有图书采购需求，图书内容或印刷装订等问题，侵权、盗版书籍等线索，请拨打以下电话或
关注官方服务号。
客服电话：400 898 7008
官方服务号：微信搜索并关注公众号"外研社官方服务号"
外研社购书网址：https://fltrp.tmall.com

物料号：260510001

记载人类文明
沟通世界文化
www.fltrp.com

许渊冲

前　言

　　三十年前我回到北京大学，出版了一本《翻译的艺术》，收录了1978—1984年间发表的20篇论文，提出了中诗英译的"三美论"："意美以感心，音美以感耳，形美以感目"（鲁迅语），认为意似、形似、音似是文学翻译的低标准，意美、音美、形美才是诗词翻译的高标准。

　　十五年前我又在台北出版了一本《文学翻译谈》，收录了1984—1994年间发表的30篇论文，其中有《翻译的哲学》，提出了"三美论"是文学（诗词）翻译的本体论，"三化论"（等化、浅化、深化）是方法论，"三之论"（知之、好之、乐之）是目的论，"艺术论"（文学翻译不是科学而是艺术）是认识论。

　　十年前我在北京大学出版了一本《文学与翻译》，收录了1984—2004年间发表的三十余篇论文，其中提出了文学翻译"超导论"、"克隆论"，文学翻译：1+1＞2，"翻译是把一种文字转化为另一种文字的化学"等理论和观点。"超导"是物理学，"克隆"是生命科学，1加1

大于2是数学。这就是说，论文把数理生化的科学理论应用于文学译论了。

一年之后，河南文心出版社《译家谈艺录丛书》收录了我的《译笔生花》，书中提出了文学翻译竞赛论，编者认为："竞赛论的贡献在于它突破了翻译'以信为本'的传统观念。"又一年后，五洲传播出版社出版了《翻译的艺术》（增订本）。2005年后，我就没有再出版新的翻译文集了。

今年，我国要建设成社会主义文化强国，而在国际上建设文化强国，建设翻译强国应该是先声。以翻译而论，世界上最重要的文字翻译应该是中英互译，因为全世界用中文和英文的人最多，而世界上能中英互译而且出版世界名著的人，只有中国译者。因此说中国是一流翻译强国，这是无可争辩的。所以我又再把十几年来发表的文章整理成集，谈谈中国学派的文学翻译理论。

第一篇文章是送交2008年世界翻译大会的中文论文。文中提到中国学派的译论是"从心所欲不逾矩"，要发挥主观能动性而不违反客观规律，要做到马克思说的"莎士比亚化"。如毛泽东的"（一年一度秋风劲，）不似春光。胜似春光，寥廓江天万里霜。"可译成：

Unlike springtime. Far more sublime,
The boundless sky and waters blend with endless rime.

接着一篇是关于罗曼·罗兰《约翰·克里斯托夫》

的译论。罗兰是根据贝多芬来创作小说的。而贝多芬的名言"为了更美，没有什么清规戒律不可打破"为中国学派的译论提供了理论基础。罗兰的名言是："创造可以战胜死亡。"贝多芬和罗兰的创作成就了他们的不朽，就是证明。中国学派译论正是研究再创作的理论。

再后有几篇是讨论中西文化交流的，伦敦大学有个教授说不能让中国人英译唐诗。本书举出该教授英译的李商隐诗，错误百出，从反面证明了徐志摩说的"中国诗其实只有中国人才能译好"。但中国有些人却说：中国翻译理论至少落后西方二十年。本书举出反证：两千五百年前，中国的老子就曾提出"信言不美"（翻译中"真"与"美"的矛盾论），孔子也曾提出"知之、好之、乐之"（翻译中真善美的目的论），这说明中国理论比西方要早两千年。

老子和孔子的思想是中国翻译理论的源头活水，于是下面的文章又谈到古为今用的问题。其实，严复的"信达雅"就是老子"信"与"美"的继承和发展，到了今天，"信达雅"更发展为"信达优"的"优化论"。"优化论"和西方的"对等论"不同，原因是西方语文之间约有90%可以对等，所以翻译提出了对等论。而据电子计算机统计，中文和西方语文之间至多只有一半可以对等，因此不对等的一半，不是译文优于原文，就是不如原文，所以译文应该争取优化，才有可能和原文比美，甚至超过原文，于是就提出了优化论。优化论不但可以用于中外互译，也可用于西方语文之间的互译，因此可以说是国际间最好的译论。

但是这个译论并没有得到一致的赞同，甚至受到很多人的批评和反对，如支持"信达切"、"紧身衣"、"最佳近似度"的译者。不过检验理论的标准是实践。所以我在书中根据自己的翻译实践进行了答辩，像西风扫落叶一般进行了批判。例如《论语》第一句"学而时习之，不亦说乎"如果理解为"学了要复习"，那就不如把"学"解释为"得到知识"，把"习"解释为"付之实践"，意义要大得多，那才能让外国人明白为什么半部《论语》可以治天下，为什么75位荣获诺贝尔奖的科学家会要全世界学习孔子的智慧。这也可以看出提高翻译水平与建设文化强国的重要关系。因此本书也选了几篇《〈论语〉译话》和《〈老子〉译话》，以增加读者对中国古代文化的了解。

本书还选了几篇谈译者实践时心路历程的，并和西方译者进行比较。英国译者翟理斯（Giles）谈到《离骚》时说："诗句有如闪耀的电光，使我眼花缭乱，觉得美不胜收。"《离骚》前四句说："帝高阳之苗裔兮，朕皇考曰伯庸。摄提贞于孟陬兮，惟庚寅吾以降。"（我父亲是高阳皇帝的后代，大名鼎鼎的伯庸。我降生的日子，是寅年寅月寅日——虎日）的确是不平凡的家世，不平凡的生日，不平凡的开端！无怪乎翟理斯觉得美不胜收了。这样不平凡的诗句如何译成英文呢？我们看看美国哥伦比亚大学华逊（Watson）教授的译文：

Decandant of the ancester Kao-yang,

Po-yung was my honored father's name.

When the constellation She-t'i pointed to the first month,

On the keng-yin I was born.

　　王国维说过：诗中景语都是情语。文字都包含作者的感情在内，如"高阳"就有正大光明之意，"伯庸"却有超凡脱俗之感，华逊音译，原诗感情荡然无存。三个"寅"字重复的美感，虎日英勇的形象，都消失得无踪无影了。这怎能使读者得到美不胜收的印象呢？我们再看看中国学派的译文：

Descendant of High Sunny King, oh!

My father's name shed sunny ray.

The Wooden Star appeared in spring, oh!

When I was born on Tiger's Day.

　　墨尔本大学教师 Kowallis 说：《楚辞》英译"非常了不起，当算英美文学里的一座高峰"。虽然有点过誉，但中国学派"从来的文章，都是讨论中国学派译论的"，因为一年写一两篇，例证不免重复。不过重复也有好处，就是便于记忆，因此就不改动了。

2013年11月15日

目录

中国学派的文学翻译理论

　　中国学派的文学翻译理论源自中国的传统文化，主要包括儒家思想和道家思想。儒家思想的代表著作是《论语》，道家思想的代表著作是《道德经》。这两种传统文化对中国学派的文学翻译理论都起了很大的作用。

　　老子的《道德经》第一章开始就说："道可道，非常道；名可名，非常名。"这就是说，道理或真理是可以知道的，是可以说得出来的，但不一定是平常说出来的道理。联系到翻译理论上来，就是说：翻译理论是可以知道的，是可以说得出来的，但不是只说得出来而经不起实践检验的空头理论，因为实践是检验一切真理或理论的唯一标准。这就是中国学派翻译理论中的实践论。其次，联系到文学翻译理论上来说，文学翻译理论是可以知道的，但并不是大家常说的科学翻译理论。因为科学可分自然科学和社会科学两种：自然科学是客观的，不以人的主观意志为转移，而社会科学却或多或少要受到主观意志的影响。这就是说，自然科学是因为正确才得到承认，而社会科学往往是得到承认才算正确。例如领海问题，距离一国领土若干海里的海面和海底都算一国的领海，因为得到国际公认，所以这个理论是正确的；但如果国际公认改变，领海的范围也就改变了。因此社会科学是会依人的主观意志转移的。文学翻译理论的客观性不同于自然科学理论，而接近社会科学中的人文学科的或艺术的理论。因此，文学翻译理论不能算科学理论（自然科学），与其说是社会科学理论，不如说是人文学科或艺术理论，这就是文学翻译的艺术论，也可以说是相对论。实践论，艺术论，相对论，都是文学翻译理论中的认识论，源自老子《道德经》的前六个字。后六个字"名可名，非常名"意思是说：事物是可以有个名字的，但名字并不等于事物。应用到文学翻译理论上来，可以有两层意思。第一层是原文的文字是描写现实的，但并不等于现实，文字和现实之间还有距离，还有矛盾。第二层意思是译文和原文之间也有距离，也有矛盾，译文和原文所描写的现实之间，自然还有距离，还有矛盾，这就排斥了译文和原文完全对等的可能，但并不排斥译文和原文所描写的现实之间的距离或矛盾，可以小于原文和现实之间的距离或矛盾。因此译文应该发挥译语优势，运用最好的译语表达方式，来和原文展开竞赛，使译文和现实的距离或矛盾小于原文和现实之间的矛盾，那就是超越原文了。这就是文学翻译理论中的矛盾论，优势论或优化论，超越论或竞赛论。文学翻译理论应该解决的不只是译文和原文在文字方面的矛盾，还要解决译文和原文所反映的现实之间的矛盾，这是文学翻译的本体论。

至于翻译的本体论，罗新璋在《翻译论集》第1页上提到唐代贾公彦给翻译下的定义："译即易，谓换易言语使相解也。"罗新璋解释说："翻译是把一种语言文字换易成另一种语言文字，……并不变更所传递的信息，——以达到彼此沟通、相互了解的目的。"这个古代的和当代的翻译定义和英美词典上的定义基本相同，可以算是翻译的本体论。但是不能算文学翻译的本体论，因为传递信息，要求信实，只是翻译的初级要求，而文学翻译的要求更高，不但要传递信息，不但要信实忠实，不但要"似"，还要传情达意。信实、忠实或相似是"信"或"真"的问题，传情达意却是个"美"的问题。一般翻译只要解决"真"或"信"或"似"的问题，文学翻译却要解决"真"或"信"和"美"之间的矛盾。这就是说：在原文和现实统一的时候，翻译之道是解决译文和原文之间的矛盾；原文和现实不统一的时候，翻译之道应该是解决译文和原文所反映的现实之间的矛盾。原文反映的现实不只是言内之意，还有言外之意。王国维说过：一切景语都是情语。这原来是指诗词而言，却恰好可以说明有悠久文化传统的中国文字的一个特点，那就是中国的文学语言往往有言外之意，甚至还有言外之情。如《诗经》中的千古丽句："昔我往矣，杨柳依依。今我来思，雨雪霏霏。"诗中"依依"二字，言内之意是像"小鸟依人"的"依"，言外之意却是"依依不舍"，舍不得诗人离家去打仗，所以言外之情是爱好和平，厌恶战争。言外之情也是诗人反映或暗示的现实，文学翻译理论也要解决译文和原文的言外之意、言外之情的矛盾。

《论语》第六章中说："知之者不如好之者，好之者不如乐之者。"知之、好之、乐之，这"三之论"是对艺术论的进一步说明。艺术论第一条原则要求译文忠实于原文所反映的现实，求的是真，可以使人知之；第二条原则要求用"三化"法来优化译文，求的是美，可以使人好之；第三条原则要求用"三美"来优化译文，尤其是译诗词，求的是意美、音美和形美，可以使人乐之。如果不逾矩的等化译文能使人知之（理解），那就达到了文学翻译的低标准；如果从心所欲而不逾矩的浅化或深化的译文既能使人知之，又能使人好之（喜欢），那就达到了中标准；如果从心所欲的译文不但能使人知之、好之，还能使人乐之（愉快），那才达到了文学翻译的高标准。下面就来举例说明。上面举的例子说明如何译词，下面再举例子说明如何译句或段。《诗经·小雅·采薇》最后一段有两种英译文，一种法译文，现在抄录如下：

《采薇》	许译英文
昔我往矣，	When I left here,
杨柳依依。	Willows shed tear.
今我来思，	I come back now,
雨雪霏霏。	Snow bends the bough.
行道迟迟，	Long, long the way;
载渴载饥。	Hard, hard the day.
我心伤悲，	My grief o'erflows.
莫知我哀。	Who knows? Who knows?

屠岸英译	许译法文
When I left here,	A mon départ,
Willows lean near.	Le saule en pleurs;
I come at last;	Au retour tard,
The snow falls fast.	La neige en fleurs.
	Lents, lents mes pas,
	Lourd, lourd mon Cœur.
	J'ai faim, j'ai soif.
	Quelle douleur!

　　比较一下，可以看出两种英译的第一行"昔我往矣"完全一样，都用了等化法。"昔"字没译，都包含在动词的过去时态中，"矣"是虚词，可以不译。这都不能算"逾矩"，两种译文都可使人知之。第二行"杨柳依依"中的

"杨柳"英译也都是用等化法;"依依"在英文中没有对等词,屠译浅化为"弯下",可以算是景语(写景的语言),可以使人知之;许译根据英文 weeping willow(垂泪的杨柳或垂柳)从心所欲地深化为"垂泪",可以说是情语(写情的语言)。这句诗写垂柳之景却流露了杨柳垂泪、依依不舍之情。不但可以使人知之,还可使人好之,甚至乐之(因人而异)。第三行"今我来思",两种英译也都用等化法。屠译"来"字是和文字对等,许译说是归来,却是和文字反映的现实对等,可以使人知之。第四行"雨雪霏霏",两种英译都只译雪而不译雨,用的是减词法或浅化法,都可使人知之。"霏霏"在英文中又没有对等词,屠译浅化为"雪下得大",还是景语,可以使人知之,译文用了双声来译叠字,可以使人好之。许译却从心所欲地把"霏霏"深化为雪压弯了树枝,象征被战争压弯了腰肢的还乡人,具体的形象不但是景语,还是情语,不但可以使人好之,还可引起对还乡士兵的同情(就是乐之,因为"乐"的广义可以是感动)。"霏霏"在法文中也没有对等词,这里法译借用唐诗"千树万树梨花开"写雪景的名句,用雪花怒放之景,来衬托还乡人悲愤之情,是用乐景写哀以倍增其哀的修辞法。这种从心所欲如能使人知之、好之,才算达到了预期的效果。第五行"行道迟迟",主语应该是还乡人,说他行路维艰,迟迟不得返乡。但那样的译文用词太多,意似虽有所得,形美、音美损失太大,可能得不偿失。于是英译者权衡得失利害,从心所欲地把主语改为"道路",道路不能和"迟迟"搭配,只好把"迟迟"改成"长长",虽然"意似度"有所失,但并没有"逾矩",而意美、音美、形美三方面都有所得,只要得大于失，就可以用这种换词法或等化法。法译也是一样，把主语换成"脚步"，把"迟迟"等化为"慢慢"，用的也是换词法或等化法。第六行"载渴载饥"，等于说我又渴又饿，可以先等化再深化为 Hunger and thirst/Both press me worst，或只浅化成 Hard, hard the day（日子难过）。这些都要从"三美"和"三之"方面来考虑。法译第六行和第七行对调了，这可以算是换句法或颠倒句序法。第七行的"饥渴"倒是等化译法。英译第七行"我心伤悲"说我的悲伤像洪水泛滥，用了具体形象的深化法；第八行却用叠字法来译伤悲，说明心情沉重。原文第八行"莫知我哀"，法译用减词法删去"莫知"，并不损义；英译用换句法变否定为问句，并且重复，表示强调。从第五行到第八行的英法译文从心所欲地用等化、浅化、深化的方法，但加词不加意，减词不减意，基本没有"逾矩"，目的是要使人知之、好之、乐之。"三之"是目的论。

文学翻译的目的是使人知之、好之、乐之，"乐之"是最高目标。德国哲学家叔本华说过：美是最高级的善，创造美是最高级的乐趣。所以得到最高级乐趣的方法是创造美。联系到文学翻译，创造美就是优化。无论等化、浅化、深化，只要发挥了译语的优势，用了最好的、更优的译语表达方式，就可以算是优化，就是创译。创译可有几种情况。第一种情况是原文的内容与形式有矛盾，以字而论，杜甫《登高》中的"无边落木"应是"落叶"。以句而论，陶潜《饮酒》："结庐在人境，而无车马喧。"从形式上看，第二句可以译成 There is no noise of cabs and horses（没有车马声）。但如果是没有车马声，第三句"问君何能尔？"（你为什么能这样呢？）就没有意义了。所以结合上下文来看，"无"字不是"没有"，而是"听不见"的意思，因此才问你为什么听不见？这时第二句要用创译法译成 I hear no noise of cabs and horses（我听不见车马声），把"无"换译成"听不见"，上下文才能融会贯通。这是句中的创译法。第二种情况是译语中没有和原文对等的词，如《登高》中的"萧萧"，前面讲到的"依依"、"霏霏"，只能创造译文。第三种情况是译语中有对等词，但对等词不是最好的表达方式。而英国浪漫诗人柯尔律治（Coleridge）说过：Poetry is the best words in the best order.（诗是最好的文字，最好的安排，或排列得最好的绝妙好词。）因此在译诗时，也要用创译法来选最好的词语，或更优的译语表达方式。例如毛泽东在写给昆仑山的词中说："而今我谓昆仑：不要这高，不要这多雪。安得倚天抽宝剑，把汝裁为三截？一截遗欧，一截赠美，一截还东国。太平世界，环球同此凉热。"三个"一截"，美国诗人 Engle 和 Barnstone 分别译成 piece 和 part，可以算是对等词，但是不是最好的译语表达方式呢？恐怕不是。再看中国译者的译文：

> 一截遗欧，　I'd give to Europe your crest,
>
> 一截赠美，　And to America your breast,
>
> 一截还东国。And leave in the Orient the rest.

crest（顶部或山峰），breast or chest（胸部或山腰），the rest（余部或山脚）不是"一截"的对等词，但却是更好的（如果不是最好的）译语表达方式。因为山峰、山腰、山脚表达了原文高大雄伟的形象，富有意美；三个词押了韵，富有音美；都包括了 rest 四个字母在内，外加 abc 三个字母，富有形美。"三美"齐全，可以说是发挥了译语的优势，甚至可以说是超越了原文。因此也可以叫做"超译法"。这是中国译者对世界译论作出的贡献。"创译"和"超译"的理论基础何在？下面就来用图表说明。

从图表中可以看出：现实世界是一切作品和译作的根源。作者依据现实世界写出作品（依也），作者和作品的关系应该是一致的（一也），译者和作者的关系却是得其意而忘其形（意也）。因为译者和作者对世界的看法总是有同有异的（异也），这就造成了创新立异，也就是创译和超译的根源。因为译者和原作的关系不可能完全一致，只能是依据原作（依也）。译者和译作的关系是解决信与美之争的艺术（艺也），译作和原作的关系是变易文字（易也），和读者的关系却是使读者知之、好之、乐之（怡也）。读者受益于作者和译者（益也），或多或少改变了自己，也会或多或少改变一点世界（易也）。这就是人和书和现实世界的简单关系。如果要用哲学术语来说，那么，老子提出的信美矛盾是文学翻译的本体论，翻译艺术是认识论，孔子提出的"学而时习之"是方法论,"知之、好之、乐之"是目的论,下面再来作进一步的说明。

上面说了,翻译艺术的规律是从心所欲而不逾矩。"矩"就是规矩、规律。严格说来,规律可分两种:科学规律和艺术规律。科学规律是不以人的主观意志为转移的客观规律,是因为正确才得到承认的;艺术规律却可以依人的主观意志而转移,是因为得到承认才算正确的。所以贝多芬说:为了更美,没有什么清规戒律不可打破。他所说的戒律不是科学规律,而是艺术规律。我们说"不逾矩",也指客观规律。科学研究客观真理,是理性的、逻辑的,说一是一,说二是二。艺术规律研究美,美不是绝对客观的,而是相对主观的,是感性的、实证的,可以说一指二,举一反三。因此不能用对科学规律的要求,来要求艺术规律。正如不能根据用了多少红黄蓝白黑颜色的定量分析来评论一幅画一样,也不能根据用了多少长短高低的音符来分析一首名曲。但用科学规律来评论文学翻译,却是目前中国翻译理论界的一大错误。他们理论不能联系实际,却不承认检验理论的唯一标准是社会实践,因此,他们只是用大家不懂的术语,来解释大家早已懂得的理论,造成了大量的学术泡沫,甚至是学术垃圾。

孔子不大谈"什么是"(What?)而多谈"怎么做"(How?)。这是中国传统的方法论,比西方流传更久,影响更广,作用更大,并且经过了两三千年实践的考验。《论语》第一章中说:"学而时习之,不亦说(悦,乐)乎?""学"是取得知识,"习"是实践,孔子只说学习、实践可以得到乐趣,却不说什么是"乐"。又如第六章谈到颜回时说:"一箪食,一瓢饮,在陋巷,人不堪其忧,回也不改其乐。"只说颜回学习，乐而忘忧，也不谈什么是"乐"。这就是孔子的方法论，是中国文学翻译理论的依据。

总而言之，中国学派的文学翻译理论是研究老子提出的"信"（似）"美"（优）矛盾的艺术（本体论），但"信"不限原文，还指原文所反映的现实，这是认识论。"信"由严复提出的"信达雅"发展到鲁迅提出"信顺"的直译，再发展到陈源的"三似"（形似、意似、神似），直到傅雷的"重神似不重形似"，这已经接近"美"了。"美"发展到鲁迅的"三美"（意美、音美、形美），再发展到林语堂提出的"忠实、通顺、美"，转化为朱生豪"传达原作意趣"的意译，直到茅盾提出的"美的享受"。孔子提出的"从心所欲"发展到郭沫若提出的创译论（好的翻译等于创作），以及钱锺书说的译文可以胜过原作的"化境说"，再发展到优化论、超越论、"三化"（等化、浅化、深化）方法论。孔子提出的"不逾矩"和老子说的"信言不美，美言不信"有同有异。老子"信美"并重，孔子"从心所欲"重于"不逾矩"，发展为朱光潜的"艺术论"，包括郭沫若说的"在信达之外，愈雅愈好。所谓'雅'，不是高深或讲修饰，而是文学价值或艺术价值比较高"，直到茅盾说的"必须把文学翻译工作提高到艺术创造的水平"。孔子的"乐之"发展为胡适之的"愉快说"（翻译要使读者读得愉快），再发展到"三之"（知之、好之、乐之）目的论。这就是中国学派的文学翻译理论发展为"美化之艺术"（"三美"、"三化"、"三之"的艺术）的概况。

中国文学译论不但可以应用于中文译成外文，也可以应用于外文译成中文。例如法国小说《红与黑》译成中文的几个版本，就体现了"信"与"美"的矛盾。上海译本和南京译本求"信"，多用对等译法，结果译文不能传情达意。杭州译本和长沙译本求"美"，并不要求精确，却更要求精彩。等化译文如不传情达意，就用深化、浅化译法。如书中市长用高傲的口气说了一句话，上海和南京译本都对等译成"我喜欢树荫"。但这个译文没有传达出市长高傲的口气，不但不能使人好之，甚至不能使人知之。长沙译本把市长的话译成"大树底下好乘凉"，把市长比作大树。这就流露了市长高傲的神气，不但达意，而且传情。但是南京大学赵教授却在《文字·文学·文化——〈红与黑〉汉译研究》一书中说：长沙译文加了许多不应该加进去的东西。河南文心出版社出版的《译笔生花》反驳说：正是南京译本缺了许多应该加进去的东西。又如英国小说《尤利西斯》中把 yes 和 no（是非、有无、对错）字头对调，创造两个新词 nes 和 yo，等译派无法翻译，创译派却译成"无是生非，无中生有"、"有头无尾，无始有终"、"半对半错"、"先对后错，后对先错"等超越原文的妙译。可见等译派如"无边落木萧萧下"，创译派或优化派却如"不尽长江滚滚来"。这说明了中国学派文学翻译理论的胜利，现用英文表达如下：

The boundless forest sheds its leaves shower by shower;
The endless river rolls its waves hour after hour.

2008年2月18日
（原载《第 18 届世界翻译大会论文集》）

我译《约翰·克里斯托夫》

罗曼·罗兰创作《约翰·克里斯托夫》的时候,以音乐家贝多芬为蓝本,贝多芬通过痛苦争取欢乐的一生,对后人具有鼓舞斗志的作用。

傅雷在《译者弁言》中说:"这部书既不是小说,也不是诗,据作者的自白,说它有如一条河。莱茵这条横贯欧洲的巨流是全书的象征。"所以傅雷译文的第一句是:"江声浩荡,自屋后上升。"有一个读者说:"罗曼·罗兰的四大本《约翰·克利斯朵夫》是一部令人难忘的著作,二十多年前我曾阅读过,许多情节都淡忘了,但书中开头的'江声浩荡'四个字仍镌刻在心中。这四个字有一种气势,有一种排山倒海的力量,正好和书中的气势相吻合。"由此可见,傅雷的译本既得作者之心,又得到读者的共鸣,可以说是一本名著名译。这就是说,译者和读者都可以在书中读到自己,发现自己,检验自己。

这部名译是不是可以重译呢?傅雷在《致林以亮论翻译书》中说道:"我们在翻译的时候,通常是胆子太小,迁就原文字面、原文句法的时候太多。"这句话一语中的,所以傅雷在译这部书的时候,尽量不受原文字面拘束。如第一句的原文和英译是:

1. Le grondement du fleuve monte derrière la maison.

2. From behind the house rises the murmuring of the river.

原文 grondement（沉闷的隆隆声）译成英文可以用 roaring（咆哮）或 murmuring（潺潺声，低语声）。这里英译本采用了低沉的潺潺声，傅译本却用了高于沉闷的隆隆声而低于咆哮的"浩荡"二字。从这个词在句中的意义来说，既可以译成咆哮，也可以译成潺潺声。但从整段看来，下面接着写蒙蒙的雾气，涓涓流下的雨水，昏黄的天色，闷热的天气，可能"潺潺声"比"咆哮声"更加协调，因此英译本选用了"潺潺"。但从全书来看，"江声浩荡"具有一种排山倒海的力量，象征了横贯欧洲的巨流，有的读者甚至认为成了"一句话的经典"，那简直可以算是胜过原作的译文了。所以我提出过文学翻译是两种语文、两种文化的竞赛。一般说来，译文是比不过原文的。但两种文化各有所长，如能发挥译语的优势，译文也未始不能超过原文。

傅译已经成为经典，如果重译，如何能比得上原作和傅译呢？傅译虽有所长，可能也有所短。"浩荡"以气势论甚至胜过原文，但以意似和音似而论，却可能有所不足。于是我从音似入手，译成"江流滚滚"，自己觉得气势不在傅译之下，"滚滚"却和原文音似，可以说是在"浩荡"之上。后半句我译成："震动了房屋的后墙"，觉得江声自屋后上升，可以象征克里斯托夫像一颗新星一样升起，那么江流震动屋后，也可以象征音乐家的成就震动欧洲。至于房屋的后墙，因为原文接着描写了房屋的窗户、室内的闷热，我就加了一个墙字，但总觉得拖泥带水，削弱了句子的力量。书出版后，我重新考虑，又在《罗曼·罗兰选集》中改为："江流滚滚，声震屋后。"觉得这八个字更加精炼，才能和傅译先后比美，但傅雷这句译文已成经典，那就无法超越了。

至于其他译文，原作第7页有一段描写老祖父的话，现将原文和傅译抄录如下：

（1）Les Krafft étaient sans fortune, mais considérés dans la petite ville rhénane, où le vieux s'était établi, il y avait presque un demi-siècle. Ils étaient musiciens de père en fils et connus des musiciens de tout le pays, entre Cologne et Mannheim. Melchior était violon au *Hof-Theater*; et Jean-Michel avait dirigé naguère les concerts du grand-duc. Le viellard fut profondément humilié du mariage de Melchior; il bâtissait de grands espoirs sur son fils; il eût voulu en faire l'homme éminent qu'il n'avait pu être lui-même. Ce coup de tête ruinait ses ambitions. Aussi avait-il tempêté d'abord et couvert de malédictions Melchior et Louisa.

（2）克拉夫脱家虽没有什么财产，但在老人住了五十多年的莱茵流域的小城中是很受尊敬的。他们是父子相传的音乐家，从科隆到曼海姆一带，所有的音乐家都知道他们。曼希沃在宫廷剧场当提琴师；约翰·米希尔从前是大公爵的乐队指挥。老人为曼希沃的婚事大受打击；他原来对儿子抱着极大的希望，想要他成为一个他自己没有能做到的名人。不料儿子一时糊涂，把他的雄心给毁了。他先是大发雷霆，把曼希沃与鲁意莎咒骂了一顿。

我曾借用孔子的话，提出文学翻译的"三之论"："知之、好之、乐之"。这就是说，文学翻译首先要使读者理解（知之），其次要使读者喜欢（好之），最好能使读者愉快（乐之）。那么，傅译是否使中国读者理解了克拉夫脱一家在法国当时的社会地位呢？我觉得称他们为"很受尊敬的""音乐家"有点名高于实，从书中上下文看来，他们只能算是乐师。"很受尊敬"不如"很看得起"更加恰如其分，第二个"音乐家"不如说是音乐界人士，这样才能使读者知之。至于好之，"父子相传"、"一时糊涂"就用得很好，甚至可以使人乐之。其他译文都可使人知之，是否能使人好之，那就要看是否发挥了译语的优势。在我看来，"没有财产"更像法律词语，不如说"不是有钱人家"更加口语化，"莱茵流域"也像地理名词，并且范围太大，结合实际情况，不如说是"莱茵河畔"。"五十多年"时间不必要地说长了一点，原文只是说"差不多半个世纪"。说老祖父"从前是大公爵的乐队指挥"，那就是长期的职务，而原文只说是在音乐会上当过指挥。说老人为儿子的婚事"大受打击"未免太重，原文只是"深感屈辱"。对儿子"抱着极大的希望"自然译得不错，但用"寄托"二字可能更好地发挥了译语的优势。说儿子"把他的雄心毁了"，"雄心"不如"奢望"，"毁了"不如"落空"，因为"雄心"一般用于自己，"奢望"才可以对别人，"落空"又是发挥译语优势，因此。我把这一段重新翻译如下：

> 克拉夫特父子虽然不是有钱人家，但在莱茵河畔的小镇还是大家看得起的人物，老爷爷在镇上成家立业，差不多有半个世纪了。父子两人是世代相传的乐师，是科隆到曼海姆这一带音乐界的知名人士。梅希奥是宫廷剧院的提琴手；约翰·米歇尔从前还在大公爵的宫廷音乐会上当过指挥。老爷爷觉得梅希奥的婚事有辱门庭，辜负了他对儿子的莫大期望，原来他自己没有成名，所以把成名的厚望都寄托在儿子身上了。不料儿子一时冲动，却使他的奢望全落了空。因此，他先是大发雷霆，把铺天盖地的咒骂都泼在梅希奥和路易莎身上。

南京有一位女作家说："傅雷的文字优雅，简练；许渊冲的译文生动，贴切，具有小说文字的张力。"比较一下这两段译文，可以看出这位作家言之有理。傅译"父子相传"说比许译简练，许译在"大发雷霆"之后，继续把咒骂比作暴雨，铺天盖地泼在儿子和媳妇身上，显得生动。是否贴切，可以有不同的意见，有人可能认为是画蛇添足，我却认为加的是原文内容所有、原文形式所无的文字，是发挥了译语的优势，就像傅雷译的"江声浩荡"一样，是1+1＞2的译文。这是目前翻译界争论最大的问题。

据电子计算机统计，英法德俄等西方文字约有90%可以对等，所以西方提出了对等的翻译理论；而中文和西方文字只有约45%可以对等，所以对等的译论不能应用于中西互译，尤其是文学翻译。例如上面举的《约翰·克里斯托夫》的第一句，英法文只有 grondement 一个词不完全对等，其余90％都是对等的；而从中文看来，傅译和许译只有"江"、"声"、"屋后"四个字相同，其他五个字都不同，差不多是40％对等。因此我提出了文学翻译的新"三似论"。（1）形似（不意似）：说美而不美，公式是1+1＞2；（2）意似：说美而美，公式是1+1=2；（3）神似：不说美而美，公式是1+1＞2。例如《约翰·克里斯托夫》原书第1227页有一句：C'est une mort vivante。傅雷译成："这简直是死生活"。从字面看，译文和原文是形似的，但是内容不通，这就是傅雷自己说的"迁就原文字面"太过分了，结果不能使人知之。如把这句译成"这简直是个活死人"或"行尸走肉"，我觉得前者既形似又意似，后者意似而不形似，两者都能使人知之，甚至好之。还可以把这句译为"这简直是虽生犹死"或"生不如死"，我认为这可以算是神似，虽然没有说到具体的死人活人，却能使人知之、好之，甚至乐之。这就是我文学翻译的"三似论"和"三之论"。如何才能达到这个目的？前面已经举例说明，需要发挥译语优势，或者说优化译文。因此，我的翻译理论可以概括为"优化论"。

（原载《一本书和一个世界》）

中国翻译学落后于西方吗？

《面向21世纪的译学研究》中发表了《特性与共性——论中国翻译学与翻译学的关系》（以下简称《共性论》）一文，文章作者认为中国译论界的主流意见是要建立"有中国特色的翻译学"，支流派的意见却是"要建立翻译学，并反对强调民族特色"。作者认为"特色派"未能证明西方理论不适合中国。我觉得作者的提法有问题，因为西方的翻译理论有好多家，我知道的，英美两国至少有奈达、纽马克、卡特福德三家，作者是说哪一家呢？"不适合"是百分之百不适合还是百分之几十呢？

我读到奈达的"动态对等论"时，正在翻译巴尔扎克的《人生的开始》。我本来是按照傅雷译巴尔扎克的神似论翻译的，重读一遍译文，发现很多地方都不符合奈达提出的"对等论"，于是我就开始按照他的理论来修改译文。改后一读，觉得有点像人民文学出版社出版的《人生的开端》，对等倒是对等，但文学味不是增加，反而是减少了。我认为这是得不偿失，所以又把译文恢复原状，这就是上海译文出版社出的《人生的开始》。同时我还写了一篇《巴尔扎克译论》，比较了"对等"的《人生的开端》和"神似"（或"信达优"）的《人生的开始》，发表在洛阳外国语学院学报1988年第3期上。人民文学出版社编辑部读了译论之后，出版《巴尔扎克全集》时，没有选用该社自己出版的《人生的开端》，反而采用了《人生的开始》，并且把书名改成更神似的《入世之初》。由此可见，中国权威的文学出版社同意了我的观点，也就是说，西方学派的"动态对等论"不如中国学派的神似论或再创论或"信达优"论更适合于把西方文学作品译成中文。

为什么呢？从理论上讲，动态对等论可以适用于西方文字之间的互译，因为根据电子计算机的统计，西方主要文字的词汇大约有90％是对等的，例如英文和法文 to be or not to be 译 être ou non pas être，就可以说是对等了。但中文和西方文字大不相同，据电子计算机统计，只有40％多可以对等，而50％以上都找不到对等词，如 to be... 可以译成"生或死"、"活不活"、"死不死"等。根据我自己改《人生的开始》的经验，大约有一小半是可以译得动态对等的，但一大半却是若要对等，就不是好译文，若要好译文，就不能死在对等上。我是在对等和好译文能统一的时候，就用对等译法；在二者有矛盾时，却舍对等而取好译文了。有时即使二者没有矛盾，但能找到比对等译文更好的译法，我也不采用对等的译文。例如 Un début dans la vie 译成"人生的开始"可以算是对等，但"入世之初"更好，所以就改用"入世之初"了。

以上说的是把外文译成中文，把中文译成外文也是一样。如《诗经》第一篇《关雎》的第一句"关关雎鸠"，西方译者 Legge 把"关关"译成 kuan, kuan；Waley 译成 fair, fair，两人都把"雎鸠"译成 osprey，这可以算是对等的译文，但是不是好译文呢？有没有人听见过"关关"叫的鸟？我认为 kuan（关）是由 ku（咕）和 an（安）两部分组成的，前半是鸟叫声，后半是让人听得清鸟叫而加上去的元音，就像英文字母 b，c，d 读的时候要加元音[i]，读作 bi，si，di 一样，所以鸟叫声应该译成 coo（咕）。什么鸟才咕咕叫？那就是鸽子或斑鸠，所以这里"雎鸠"应该是 turtledoves（斑鸠）。而《关雎》这个题目可以译成 Cooing and wooing（咕咕叫和找配偶），译文和原文虽不对等，却是更好的译文，这就是中国"再创论"学派和西方"动态对等论"学派的主要差别。我看"信达优"的理论可以包括"对等论"在内，因为如果对等的译文是最优的译文，那么采用对等的，也是最优的译文。

在我看来，英美三个译论家中，奈达的"动态对等论"在和"再创论"等有矛盾时，还有40％左右可以适用于中英互译。纽马克的"直译论"适用范围更小，因为他连"动态"都不要了。据《中国翻译》报道，他们两人的观点都有所转变，也许是无意中向中国学派靠拢了一步，那是值得欢迎的。至于语言学派的卡特福德，我读过一本他在牛津出版的小册子，除了用些语言学的术语来解释翻译现象之外，没有什么新意，读后没有什么收获。我觉得西方的译论家最多只能解决西方语文之间的翻译问题，因为他们的文字有90％可以对等，所以他们提出了对等论或直译论。如果要用数学公式来表达他们的理论，我想可以用1+1=2，也就是说，言等于意，说一是一，说二是二。而中文和西方文字之间只有40％多可以对等，所以对等论只能解决40％的问题，而大多数问题都要用再创或"优化"的译法来解决。所谓"优化"，就是要发挥译语的优势，也就是要充分利用译语最优的或最好的表达方式。如果要用数学公式来表达，那可以用 $1+1>2$，也就是说，意大于言，说的是一，指的是二。这是形合文字和意合文字的一个重要分别。

《共性论》中以《傲慢与偏见》第一句的几种译文为例，说明对等论（等值或等效理论）是可以适用于英译汉的。我说过，大约40%的英文可以译成对等的汉文，如"傲慢与偏见"就是。但我还说过，在对等与好译文之间有矛盾时，还是要选择好译文的。如《共性论》认为"傲慢"与原文对等，但"傲慢"也有贬义，原文有没有贬义呢？原作者对书中的男主角是褒还是贬？如果是褒，那"傲慢"就不如"高傲"了。加上"高傲"是叠韵词，而原文 Pride and Prejudice 也是 [pr] 的双声词，用叠韵译双声，正是译笔生花，所以我认为"高傲"是更好的译文。再说"偏见"也有贬义，原作者对书中的女主角是褒是贬？如果是褒，那"偏见"又不如"成见"，因为"成见"可偏可不偏，贬义不如"偏见"那么重。但"偏见"和"高傲"一样是叠韵词，用来译原文的双声词，可以传达原文的音美；而"成见"虽然比"偏见"略胜一筹，但并不是褒义词，所以衡量轻重得失之后，我觉得还是"高傲与偏见"是更好的译文。这个译例说明：即使对等论可以适用于英译汉，但当"等"和"优"有矛盾时，还是应该舍"等"取"优"，择"优"而译的。自然，译成"高傲"也可以算是对等，但前面讲到把《关雎》译成"咕咕叫和找配偶"，那就只能说是"舍'等'取'优'"了。

下面再来看《共性论》中列举的《傲慢与偏见》第一句的译文："有这么一条真理举世公认：单身男人拥有一大笔

财产，就必定需要一个太太。"我见到的汉译本都用了"真理"二字，可见大家都认为这是对等的译文，但是不是最好的译文呢？单身男人需要太太能算是"举世公认"的"真理"吗？如果不是开玩笑的话，恐怕应该说是人人皆知的"道理"吧。"真理"和"道理"就是对等译文和好译文的差别，如果要选择好译文的话，我认为是应该舍"真理"而取"道理"的。

刚才说到西方文字基本上言等于意，中文却往往言大于意，典型的例子是李商隐的诗句："春蚕到死丝方尽"。这句诗可以理解为蚕吐丝一直到死为止，英国译者的译文是：The silkworm dies in spring when her thread is spun，那翻译公式只是 1+1=2，但诗人说的是蚕丝，指的却是"相思"（"丝"和"思"同音），中国译者的译文是：Spring silkworm till her death spins silk from lovesick heart，这样，译者既译了"丝"（silk），又译了"相思"（lovesick），而且 silk（丝）和 sick（思）不但声音相似，形状也只有一个辅音不同，可以算是生花的译笔，翻译公式可以是 1+1=3。不仅此也，今天的读者更把这句诗理解为从事自己热爱的事业，要到死方休，那公式就是 1+1=4 了。不管是 3 还是 4，都是 1+1>2。更妙的是，这句诗还可以从英文译成法文：La soie épuisée, le ver meurt de soif d'amour，而且 soie（丝）和 soif（相思）音形也相似。这就可以看出英文和法文多么容易对等。如果说把这句中文诗译成英文我花了 1 小时，那么从英文再转译成法文多则半小时，少则只要几分钟。由此可以得出三个结论：（1）对等译法比优化译法要容易得多；（2）对等译法可以适用于西方文字之间的互译，不完全适用于中西互译；（3）优化译法既可用于中西文学翻译，也可用于西方文字之间的文学翻译。

《共性论》中又说，"西方许多较新的翻译理论（体系）在我国还鲜为人知，验证就更不用说了，例如……多元系统论，……描述翻译学，……意识形态、诗学、赞助人三因素论……我们又怎能未验证先否定呢？"

20世纪，我在国内外出版了50多部中英法文的著译，中文译著包括世界文学名著10部，英文译著包括《诗经》、《楚辞》、《唐诗三百首》、《李白诗选》、《李煜词选》、《宋词三百首》、《苏东坡诗词选》、《李清照词选》、《西厢记》、《毛泽东诗词选》等10部名著，法文译著包括《中国古诗词三百首》等，还总结了中国学派的文学翻译理论。积60年的经验，检验了一些西方的翻译理论，我得出的结论是：中国学派的文学翻译理论是全世界最高的翻译理论，能解决全世界最重要的两种语文之间的文学翻译问题，因为世界上用中文和英文的人最多，所以中文和英文是全世界最重要的文字。没有中英文互译的实践经验，不可能提出解决中英互译问题的理论。全世界没有一个外国人出版过一部中英互译的文学作品，因此他们提出的翻译理论不可能解决中英互译的问题。前面我已经说明用奈达的"动态对等论"来检验我的翻译实践，发现他的理论只能解决中外文有共性的问题（约占40%），不能解决中文有特性的问题（约占50%以上），如果按照他的理论来修改我的实践，不但不能提高，反而要降低译文的水平。至于其他译论，水平还在奈达之下，我从中找不到我不知道的东西。既然没有利用他们的理论，我已经取得了世界最高的，甚至可以说是独一无二的成绩，那么还有没有必要借鉴什么翻译理论来降低我的翻译水平呢？

"共性论"者又说，"翻译学首先分为纯翻译学和应用翻译学"，"中国翻译学的特色，就是只有应用翻译学而没有纯翻译学"。而所谓纯翻译学，论者举了多元系统论、意识形态等三元素论，等等，并且说，"特色派无视纯理论的普遍实用性及其对翻译研究的指导作用"，是这样吗？

我认为纯翻译学是研究纯理论而不是研究翻译实践的，而应用翻译学则主要研究翻译实践，同时也研究可以应用的翻译理论。前者研究"为什么"，"为什么"中并不包括"怎么译"；后者研究"怎么译"，"怎么译"中却可以包括"为什么"；前者从理论到理论，后者却是从实践到理论，再从理论回到实践的。现在的问题是：到底应该根据理论来检验实践，还是根据实践来检验理论呢？换句话说，好的译文如果不符合理论提出的标准，应该修改的是理论还是译文？《共性论》谈到多元系统论，说翻译倾向于异化还是归化随该文化的强势或弱势地位而改变。这不过是说明文化对翻译的影响而已，对翻译实践或理论研究有什么指导意义呢？中国学派认为翻译的内容应该异化，形式却应该尽可能归化，如罗斯福、丘吉尔、戴高乐虽然是中国的姓名，却并不会使人误以为是中国人。这就说明中国的归化论对翻译实践和理论研究都有指导意义。而"共性论"者说二次世界大战时英美法文化占强势地位，中国文化占弱势地位，那么戴高乐的姓名是不是应该异化为"德高卢"呢？如果不该，那就说明多元系统论对翻译实践和理论研究都没有起什么指导作用。

再如意识形态、诗学、赞助人三因素论，《共性论》中举了《傲慢与偏见》的一个例子："哪怕天下男人都死光了，我也不愿意嫁给你。"论者认为这个译文是归化的结果，受到译者的翻译诗学和意识形态的影响。中国学派认为纯理论只能说明问题，不能解决问题，所以不能起指导作用，只是翻译理论中的次要部分。而应用翻译学不但能说明问题，而且能解决问题，这才能起指导作用，所以是翻译理论中的主要部分。上面举的这个例子，从应用翻译学的观点看来，符合"从心所欲不逾矩"的翻译原则，传达了有偏见的女主角的偏激情绪，能使读者知之、好之、乐之，所以是好译文。这就不只是解释了问题，而且解决了问题，如果不能说有指导意见，至少可以说是有启发性的。因此，中国翻译学主要应该研究应用翻译学，纯翻译学只是一个次要问题。

最后，"共性论"者引用许钧的话说："中国当代翻译理论研究，认识上比西方最起码要迟20年"。所以论者认为："当前的急务，是把外国的纯理论搬进来，应用在我们的翻译研究上"。前面已经说了，外国的纯理论只能解释问题，不能解决问题，为什么要急于引进不解决问题的外国纯理论而不研究能解决问题的中国翻译理论呢？中国当代翻译理论研究真的落后于西方吗？落后的理论怎么能取得全世界数量上最多、质量上最高的文学翻译成果呢？那不是认为理论能够脱离实践吗？

我们现在就来看看当代中国学派在文学翻译理论研究上取得的成果吧。首先，中国翻译学派把翻译理论和马列主义哲学结合起来，提出了翻译的实践论。这就是说，翻译理论来自翻译实践，又要受到翻译实践的检验。翻译实践是检验翻译理论的唯一标准。如果翻译理论和翻译实践有矛盾，应该修正的是翻译理论，而不是翻译实践。这就为中国翻译学以应用翻译学为主的理论奠定了基础。（而《共性论》作者却认为翻译研究可以脱离翻译实践，这是两派理论的第一个分歧。）

第二，中国翻译学派又提出了翻译的矛盾论。这就是说，中文和英文的互译问题是当代国际翻译的主要矛盾，因为全世界用这两种文字的人最多，中英文的差距远远大于西方文字之间的差距，中文的特性大于中英文的共性，因此，不能解决中英互译问题的理论不可能成为有世界意义的翻译理论。中国翻译学应该是翻译学必不可少的主要组成部分。（而《共性论》作者却认为中国学派把"应用理论之中的涉及微观操作的那一小部分等同于理论的全部"，这是两派理论的第二个分歧。）

第三，中国学派提出文学翻译是艺术，文学翻译理论和音乐原理一样也是艺术，并且和模糊数学结合，提出文学翻译的公式是 $1+1>2$。西方语言学派认为翻译是科学，研究翻译的理论更是科学，他们提出的对等论可以公式化为 $1+1=2$。（艺术论和科学论是中西翻译理论的第三个分歧。）

第四，中国学派把文学翻译理论和当代先进的物理学理论结合，提出了文学翻译超导论。在物理学上，一种导体传导的电流没有损失，就是超导；在翻译学上，译文传达原著的信息和情感没有遗漏，也可以说是超导。如杜甫的诗句"无边落木萧萧下"的后三字译成 shower by shower，在意美、音美、形美三方面都没有损失，就可以算是超导。（对等论和超导论是中西文学翻译理论的第四个分歧。）

第五，中国学派把文学翻译理论和当代最前沿的生命科学联系起来，提出了文学翻译克隆论。在生物学上，克隆是把一个机体的优质基因移植到另一个机体中去，以弥补机体的不足。在文学翻译中，也可以把一种文字的优质因素移植到另一种文字中去，以加强译文的表达力，如译"不爱红装爱武装"时，移植了"face the powder"和"powder the face"这两个优质的英文片语，就使译文能够表达原文重复"爱"字和"装"字这种巧妙的修饰手法了。（再创论和模仿论是中西文学翻译理论的第五个分歧。）

从以上五点看来，中国当代翻译理论研究怎么可以说至少落后于西方20年呢？我的看法恰恰相反，西方的翻译理论至少落后于中国20年。首先，西方的翻译理论（包括所谓的"纯理论"）不能解决中西互译的实践问题，而中国提出的超导论和克隆论却能解释西方理论不能解决的翻译问题，如Pope译的荷马史诗可用超导论来解释，Fitzgerald译的《鲁拜集》可用克隆论来解释。其次，西方的"纯理论"并不是什么新东西。早在20世纪50年代，在北京外国语学院学术研讨会上，周珏良教授就提出过多元标准论；50年代也曾对Formosa应该译为"台湾"还是"福摩萨"展开过讨论，所以这些理论完全不必从西方搬进来。《共性论》作者批评中国学派是夜郎自大，我认为百里之国自称万里之国，那是自大；如果真是万里之国，那就是名副其实。我倒认为《共性论》作者"奴化"思想严重。杨振宁说过，他一生最重要的贡献是帮助中国人改变了自己不如人的心理。我认为中国翻译界的当务之急，也是克服自己不如人的心理，用实践来检验一切理论（"纯理论"不但要接受翻译研究实践的检验，还要接受翻译实践的检验），这样才能使中国翻译学在世界上取得应有的地位。

（原载《外语与外语教学》2003 年第 1 期）

诗词英译与中西文化交流

　　据报纸说，1988年，75位荣获诺贝尔奖的科学家在巴黎聚会，发表了一个声明，说21世纪的人类如果要过和平幸福的生活，应该回到两千五百年前的孔子那里去寻找智慧。孔子的智慧表现在哪里？在国家方面，孔子主张礼乐之治。而所谓礼，就是克己复礼；所谓克己，包括"己所不欲，勿施于人"在内。根据冯友兰的解释，礼模仿自然界外在的秩序，乐模仿自然界内在的和谐。礼乐之治就是天人合一，就是人和自然、人和人之间的和谐关系。人能顺应自然，就可逐步走向天人合一。这种思想在中国历代诗词中都有表现。如孔子删定的《诗经》第一篇《关雎》，第一段说到了春天，禽鸟叫春，水菜发芽，男女感情也萌芽了，这就是人顺应自然。第二段说夏天水菜浮出水面，男女感情开始流露。第三段说秋天丰收，水菜可以采摘，男女也可开始采摘感情之果。第四段说到了冬天，水菜可以食用，男女也可婚宴，钟鼓乐之。整个诗篇洋溢着人与自然、人与人之间的和谐气氛，这就是天人合一的序曲。

　　到了汉代，汉高祖刘邦唱了一首《大风歌》："大风起兮云飞扬，威加海内兮归故乡。安得猛士兮守四方！"第一句把秦朝末年群雄并起逐鹿中原比作飞扬的云，把自己比作吹散了云的大风，这是天人合一在诗歌中的发展。自然，把楚汉之争比作风云变化，说明人与人之间还有矛盾斗争的关系。但当刘邦统一天下，威加海内时，他想到的却是归故乡，化矛盾为和谐，使父老乡亲能过上太平幸福的生活，享受人与人之间的和谐关系。为了保持这种和谐的生活，他更希望能有勇士来保家卫国。一个"守"字，说明了汉代的第一个皇帝并不想扩张疆土，只希望国泰民安，老百姓能安居乐业，这就是礼乐之治在早期诗歌中的反映。这三句诗可以译成英文如下：

A great wind rises, oh! the clouds are driven away.

I come to my native land, oh! now the world's
under my sway.

Where can I find brave men, oh! to guard my four
frontiers today!

人与自然、人与人的和谐关系，到了晋代，在陶渊明的诗中表现得更加典型。例如他的《饮酒》诗第五首说："结庐在人境，而无车马喧。问君何能尔？心远地自偏。采菊东篱下，悠然见南山。山气日夕佳，飞鸟相与还。此中有真意，欲辩已忘言。"第一句说诗人家在闹市，人和人的关系本不容易和谐；但第二句却说诗人听不见车马喧哗，这是闹中取静，更加难能可贵。第三句问为什么？第四句答道：心静可以充耳不闻市嚣。这是人和自然矛盾统一的最高境界。第五句具体写人和自然花木的和谐关系，第六句更进一步，写人和南山几乎合而为一，分不清是人是山，到了相看两不厌的境界。第七句从空间写到时间，第八句从静物换为动物，写诗人心与飞鸟一样自由，到了物我两忘的地步。最后两句总结，说是天人合一，只可意会，不可言传，已经达到和谐的极致了。这首《饮酒》可以英译如下：

> In people's haunt I build my cot;
>
> Of wheel's and hoof's noise I hear not.
>
> How can it leave on me no trace?
>
> Secluded heart makes secluded place.
>
> I pick fenceside asters at will;
>
> Carefree I see the Southern Hill.
>
> The mountain air's fresh day and night;
>
> Together birds go home in flight.
>
> What revelation at this view?
>
> Words fail me if I try to tell you.

汉唐是中国文化鼎盛的时代，汉高祖保卫和平的思想，在唐代诗词中表现得更多，如王昌龄和杜甫的《出塞》诗。王诗说："秦时明月汉时关，万里长征人未还。但使龙城飞将在，不教胡马度阴山。"第一句中的"关"，指秦汉时期修筑的边关，就是防止敌人入侵的万里长城。第二句中的"征人"，指的是守卫万里长城的士兵。第三句中的"飞将"，指的是汉代的飞将军李广。第四句中的"胡马"，指的敌人的骑兵。全诗说假如飞将军的士兵还在龙城驻守，敌人的骑兵就不敢越过边境的阴山，侵入中原大地了。这首绝句可以说是刘邦"安得猛士兮守四方"一句的具体化，也就是说：安得飞将兮守边关！由此可见中国文化中热爱和平的传统是源远流长的。这首诗的英译是：

> The moon still shines on mountain passes as of yore.
> How many guardsmen of Great Wall come back no more!
> If the Flying General were still there in command,
> No hostile steeds would have dared to invade our land.

这种传统一脉相承，到了现代更加发扬光大了。如毛泽东在《念奴娇》中对昆仑山说："而今我谓昆仑：不要这高，不要这多雪。安得倚天抽宝剑，把汝裁为三截？一截遗欧，一截赠美，一截还东国。太平世界，环球同此凉热。"毛泽东的理想世界，就是全球同凉热，共甘苦，分享和平幸福的生活。这是把中国古代《礼记》中"大道之行也，天下为公"的思想具体化、形象化了。由此可以看出，两三千年来，孔子的智慧在中国起了多大的影响，收到了多大的效果。

回过头来看看西方。半个世纪以来，美国宣扬暴力，践踏和平，发动了在亚洲、非洲、拉丁美洲的战争。从某个意义上来讲，两次海湾战争都可以算是十字军东征的继续。无怪乎获得诺贝尔奖的科学家呼吁人类要从孔子的和平思想中吸取智慧了。

其实，西方宣扬暴力的传统，早在两三千年前的荷马史诗中就有表现。如《伊利亚特》中把战争的丑恶残暴描写得有声有色，栩栩如生，使人如临其境，如闻其声，如见其人，得到惊心动魄的美感，使美和丑可怕地结合在一起，连丑恶的暴力也具有吸引人的魅力，对英雄的描写产生了令人生畏的后果。和中国的《诗经》比较一下，《大明》中叙述武王伐纣的战争，只写了广阔的战场，亮堂的战车，雄壮的战马，威武的战士，如鹰飞扬的军师姜太公。中西对比，可以看出：西方文化重刚，歌颂力量，培养强人；中国文化重柔，歌颂和平，培养好人。在汉高祖刘邦唱三句《大风歌》之后二百年，西方的强人罗马大将凯撒远征高卢的时候，也说了三个字的名言：Veni（我来了），vidi（看到了），vici（征服了）。和刘邦着重的"守"字不同，凯撒强调的是"征服"。前者守卫国土，保卫和平，保卫好人；后者征服敌人，开拓疆土，歌颂强人。

好人和强人，典型地概括了中西文化的异同。强人的特点是：己之所欲，施之于人。如西方中世纪的旧教与新教之争，旧教说新教是异教，并要把异教徒活活烧死，于是发生了百年战争。后来伊斯兰教兴起，教主也是左手拿《可兰经》，右手拿宝剑，如果不信《可兰经》，就要吃一剑。双方强人相逢，于是有了历史上的八次十字军东征。而好人的特点却是己所不欲，勿施于人；也就是说，双方不要强加于人，而要和谐相处。到了今天，强人甚至发展到了己所不欲，施之于人的地步；也就是说，自己不希望对方入侵，却要侵入对方，于是天下战乱不停。荣获诺贝尔奖的科学家有鉴于此，提出了要向孔子吸取智慧，才能过上和平幸福的生活。而孔子的智慧就体现在从《诗经》到毛泽东的诗词之中。

战争和爱情是诗歌的两大主题。早在公元前600年，希腊女诗人莎芙（Sappho）的情诗已经传诵于世。她的诗句和差不多同时代的《诗经》可以比美争辉。如《关雎》中有

"求之不得，辗转反侧"的诗句，莎芙诗中对"寤寐求之"则有更详细的描写：

... longing sinks deep in my breast.

I can say nothing as my tongue cracks

and slender fire is quick under my skin.

My eyes are dead to light, my ears pound

And sweat pours over me.

相思深深地埋藏在我的心底。

我的唇干舌裂，连话也说不出，

刻骨铭心的烈火在体内燃烧。

我的眼睛不见光明，耳朵听到

怦怦的心跳，浑身是大汗淋漓。

比较一下，可以看出《诗经》精炼，莎芙精确。这也是中西诗的一大不同。《关雎》中有"琴瑟友之"，莎芙诗中则说：

Come, my lyre, and become a poem.

琴啊，来吧! 快变成一首诗!

《诗经》把琴具体化为人，莎芙却把琴抽象化为诗，真是各有千秋。

墨西哥诗人帕斯说：如果爱情是一株花木，那么"性"就是花木的根，"性爱"即由根长出来的茎，而"情爱"则为茎头上的花。现代人的爱情危机在于采取了感情上节省、性欲上放纵的态度。杂乱的性关系最终导致灵魂的普遍失落。（引自《中国图书商报》2001年6月21日）如英国诗人艾略特（T. S. Eliot）（钱锺书巧妙地译成"爱利恶德"，具有象征意义）在他的名诗《荒原》中描写的就是没有灵魂的性爱。而在中国，从孔子删定的《诗经》开始就是重情轻性的。如传诵千年的牛郎织女的爱情故事，在汉乐府中有"迢迢牵牛星，皎皎河汉女"的古诗，在唐代有白居易的"七月七日长生殿，夜半无人私语时"和杜牧"卧看牵牛织女星"的宫中恋情，在宋代更有秦观著名的《鹊桥仙》：

纤云弄巧，飞星传恨，银汉迢迢暗度。

金风玉露一相逢，便胜却人间无数。//

柔情似水，佳期如梦，忍顾鹊桥归路？

两情若是久长时，又岂在朝朝暮暮？

Clouds float like works of art;

Stars shoot with grief at heart.

Across the Milky Way the Cowherd meets the
　Maid.

When Autumn's Golden Wind embraces Dew of
　Jade,

All the love scenes on earth, however many, fade. //

Their tender love flows like a stream;

Their happy date seems but a dream.

How can they bear a separate homeward way?

If love between both sides can last for aye,

Why need they stay together night and day?

比较一下莎芙和秦观，可以看出莎芙写肉体的爱恋和相思，秦观却提高到了感情升华甚至神化的境界。更有甚者，到了现代，西方的性爱发展成了有性无情的肉体之恋，而在中国，文学中却没有出现灵魂失落的现象。如胡适之的婚外恋甚至继承发展了秦观升华的感情，他在七夕写的《鹊桥仙》说：

疏星几点，银河淡淡，新月遥遥相照。
双星仍旧隔银河，难道是相逢嫌早？//
不须蛛盒，不须瓜果，不用深深私祷。
学他一岁一相逢，那便是天孙奇巧。

The Milky Way turns pale,

Dotted with star on star;

The crescent moon gazes afar

On the twin stars in love,

Still severed by the Silver River above.

Do they regret

Too early they have met? //

We need no box of fruit sweet;

No secret prayer would avail.

If we could meet

Like the twin stars but once a year,

Nothing on earth would be so dear.

从词中可以看出:汉乐府中的"迢迢牵牛星"变成了"遥遥相照";唐诗中客观的"无人私语时"变成了主观的"不用深深私祷",唐人的"卧看牵牛织女星",客观现实依然是"双星仍旧隔银河";宋词中"又岂在朝朝暮暮"的问句更深化成了"学他一岁一相逢"的肯定句。这就可以看出中国文化重情轻性、重灵轻肉的传统是如何一脉相承的了。而在西方,从莎芙开始的灵肉并重的文化传统,到了今天,变成了重肉轻灵,甚至是有性无情的文化。

总之,20世纪西方文化的弊病,一是色情泛滥,一是暴力横行。而在两千五百年前,中国的孔子一直反对"怪力乱神"。所谓怪,就是不正常,不符合自然界外在的秩序和内在的和谐;所谓力,就是暴力,就是己所不欲,强加于人,就是霸权主义;所谓乱,包括淫乱,就是杂乱的性关系;所谓神,包括鬼神,不信鬼神就是人本主义。罗素早就说过:中国儒家思想比西方的宗教思想先进。而孔子的智慧具体表现在他删定的六经和后世传承的诗书之中。因此,把中国古典诗词译成英文,也是响应科学家们的号召,希望能用中国文化之长,弥补西方文化之短。

自然,这并不是说中国的儒家文化有长无短。它的思想封建保守,缺乏创新精神,使中国贫穷落后了几百年;所以要吸取西方文化歌颂的英雄主义、开拓精神,来弥补儒家文化之不足。20世纪的历史表明:孙中山继承发展了孔子"大道之行,天下为公"的思想,要在中国继续实行"礼治";但蒋介石掌权后,实行的却是官僚资本主义的"吏治",使中国沦为半殖民地;幸亏毛泽东奋发图强,使中国人民站起来之后,吸取苏联社会主义的经验,厉行无产阶级专政,这可以算是政治上的"力治";邓小平提出改革开放政策,吸取西方的先进经验,建立社会主义的市场经济,这可以算是经济上的"利治";江泽民提出"三个代表"的思想,用先进文化取代了阶级文化,这可以算是文化上的"理治"。从礼治到理治,贯穿了中华民族传统文化的精神。而西方资本主义国家实行的却是"利治"。中国和西方国家都实行"利治",那么中西有什么不同呢?简单说来,资本主义不惜损人利己,社会主义却要合作互利。两种主义的矛盾,就是"义利"之争。在国家利益和人类利益有矛盾的时候,资本主义为了国家利益不惜牺牲人类利益,社会主义却为了人类利益而要国家让步。至于中西文化关系,一方面,中国要吸取先进的西方文化;另一方面,又要发扬先进的民族文化,弥补西方文化的不足。具体说来,一是以柔济刚(包括以和易暴,即用和平取代战争),二是以情补性,三是以义代利。中国宋代的文天祥是杀身成仁的典型,他的后人闻一多(原姓文)是舍生取义的代表人物。

中西文化的不同,也表现在文学翻译的理论和实践上。西方的英法德俄西文多是形合文字,据电子计算机统计,西方文字互译时,90%以上可以找到对等词,因此西方的翻译理论家提出了对等的翻译理论。而中文却是意合文字,中西互译时,只能找到40%多的对等词,因此对等译论只能应用于一小部分中西互译,尤其不宜用于文学翻译,更不用说诗词翻译了。关于诗,英国诗人柯尔律治(Coleridge)说过一句名言:Prose is words in their best order; poetry is the best words in the best order.(散文是排列得最好的文字;诗是排列得最好的绝妙好词。)既然原文是绝妙好词,那么对等的译文也应该是绝妙好词。如果不是，那到底是应该要"对等"还是要"绝妙"呢？要对等的译者主张形似，要绝妙的译者主张优化。例如张继的《枫桥夜泊》：

> 月落乌啼霜满天，江枫渔火对愁眠。
> 姑苏城外寒山寺，夜半钟声到客船。

《千家诗》注："明月初落，寒乌夜啼，秋霜满空，江枫叶落，渔火炊烟，皆与诗中愁眠之人相对而难寐者也。忽闻寒山钟声，夜半而鸣，不觉起视，客船已至姑苏城外之枫桥矣。"这首诗有两种译法：

> The setting moon, a cawing crow, the frost filled sky;
> River maples, fishermen's flares, and troubled
> sleep.
> From the Cold Mountain Temple, outside Suzhou,
> The tolling of the midnight bell reaches the
> wanderer's boat.
>
> （《唐诗一百首》）
>
> At moonset cry the crows, streaking the frosty
> sky;
> Dimlylit fishing boats 'neath maples sadly lie.
> Beyond the city wall, from Temple of Cold Hill
> Bells break the ship-borne roamer's dream and
> midnight still.
>
> （《唐宋诗一百五十首》）

比较一下两种译文，可以说第一种译得基本形似，第二种则用了优化法。第一种把第一句译成三个名词短语，还原成中文是：落月、啼乌、霜满天，只颠倒了月落和乌啼的顺序。译文第一行的散文顺序应该是主语放在谓语之前，第二种译文为了轻重节奏的关系，却颠倒了主语和谓语。谓语"啼"第一种译成 caw，第二种译成 cry 却和"乌"的译文 crows 是双声，又和"霜天"的译文 sky 是叠韵，具有音美和形美，所以是排列得更好的文字，而颠倒主语谓语却是排列得更好的诗句。第一行后半用了 streaking，是把乌鸦的啼声比作一道闪光划破了霜天，这样打破了声和光的界限，更加形象具体，可以算是绝妙好词，用的是优化翻译法。第一种译文把第二句又译成三个名词短语，"江枫"的译文不如第二种说是江边的枫树，"渔火"也不如第二种译文说是灯火昏暗的渔船，更能引起愁感。第二种是借景写情，借诗人眼中昏暗的渔火写诗人心中的乡愁。译文还把原文的"愁眠"移到第四行译文中去，说是钟声惊破了船上游子的乡愁梦。从形式上看，这可以说是移花接木法；从内容上看，又是用了优化翻译法。第一种译文把第三句的"姑苏"译成现代的苏州，"寒山"却是意译，如果音译，恐怕不容易引起美感的联想，所以第二种译文没有译"姑苏"。《千家诗》把第四句理解为客船已到枫桥，不如两种译文说钟声传到客船。第二种译文更说钟声打破了半夜的寂静，这是译出了原文内容所有、形式所无的文字，也可以算是优化的译法。

北京大学袁行霈教授在《中国诗歌艺术研究》第6页提出了"宣示义"和"启示义"的概念。他说："宣示义，一是一，二是二，没有半点含糊；启示义，诗人自己未必十分明确，读者的理解未必完全相同"。在第7页上又说："一首诗艺术上的优劣，在一定程度上取决于启示义的有无。一个读者欣赏水平的高低，在一定程度上也取决于对启示义的体会能力。"在我看来，对等的译法只能译出原诗的宣示义，优化的译法却要译出原诗的启示义。《枫桥夜泊》的启示义何在？第一句"月落"写所见，引起昏暗之感；"乌啼"写所闻，引起听觉的愁感；"霜满天"写所感，引起触觉之寒。第二句"江枫渔火"再写所见，枫叶暗红，渔火半明不灭，更显昏暗，接着"愁眠"点明全诗主题。第三句"姑苏城外"写游子离家之远，"寒山寺"增加了寒感。第四句"夜半"增加了暗感；"钟声"和"乌啼"遥相呼应，增加了听觉的愁感，最后的"客船"点明了远方的游子，大有后来马致远"断肠人在天涯"之感。不过唐诗是写江上，元曲是写古道；唐诗是写夜半月落，元曲是写夕阳西下，两者的启示义是相同的。如果认为译文艺术上的优劣也取决于启示义的有无，那我认为第二种译文的优化译法胜过了第一种的对等译法。

21世纪是全球化世纪。全球化不只在经济方面，而且在文化方面也要吸收各国的先进成分，共同建立更加灿烂辉煌的全球文化。西方文化强调人与自然之间、人与人之间的矛盾对立，人要征服自然，也要征服人类，因此需要培养强人。中国文化强调人与自然之间、人与人之间的和谐关系。人要顺应自然，因此重视培养好人。西方重刚，中国重柔；西方重性，中国重情；西方重利，中国重义。如能中西结合，以柔济刚，以情补性，以义代利，那就是强人和好人结合起来了。如果好人不是强人，国家可能贫穷落后；如果强人不是好人，世界可能以强凌弱，天下不得太平。只有好人和强人合而为一，才能使全人类过上和平幸福的生活。这也是中华民族的传统文化能对全球文化做出的贡献。而中国传统文化精神在历代诗词之中都有表现，所以我国教育部编选了180首中小学生必背古诗词，其中小学生80首，中学生100首，《古诗词精品三百首》再为大学生精选了120首，共300篇，并且译成韵体英文。如果中国大学生都能背诵这300篇中英诗词，便可为创建世界一流大学打下良好的基础。如果外国大学生也能背诵300篇英诗，并能实际运用，那么，世界大同的理想也可能早日实现。

2003年4月10日于北京大学

（原载《外语与翻译》2003 年第 3 期）

文学翻译的心路历程

翻译学可以研究 what（什么？）、how（如何？）、why（为何？）三个问题。

首先，什么是翻译？这是翻译学的本体论，可以讨论翻译的定义、术语、类别等。关于定义，看来简单，但出版物中的定义很难令人满意。如《英汉翻译教程》中说："翻译是运用一种语言把另一种语言所表达的思维内容准确而完整地重新表达出来的语言活动。"若以文学翻译而论，很少译本能够做到准确，即使做到了，也未必是好译本。那么，不够准确的文学译本是不是翻译呢？如果说是，那定义就有问题。至于术语，如果只是用人家不知道的名词来解释人家早已知道的内容，那是把简单的问题复杂化了。

其次，如何翻译？这是翻译学的方法论，一般说来，有直译和意译两种方法，后来又发展为形似与神似的论战，近来，讨论归化和异化的文章多起来了。同时近年来，在"信达雅"论的基础上又产生了"信达切"和"信达优"两派。所谓"切"，就是切合原文，包括"形似而后神似论"、"最佳近似值论"等在内，其实是"形似派"的延伸；所谓"优"，就是要用最好的译语表达方式，而不是用形似的或对等的表达方式，除非对等的方式就是最好的方式，因此，"信达优"派可以算是"神似派"的延伸。文学翻译到底是应该"切"还是"优"呢？既然检验真理的唯一标准是实践，那就来剖析一下我自己在翻译实践中的心路历程，也许可以解决一些问题。

我想分析的例子是很多人认为不可译的对联，尤其是昆明大观楼前那副世界第一长联，现在把孙髯翁的那副长联全文抄录如下：

> 五百里滇池，奔来眼底。披襟岸帻，喜茫茫空阔无边！看：东骧神骏，西翥灵仪，北走蜿蜒，南翔缟素。高人韵士，何妨选胜登临，趁蟹屿螺洲，梳裹就风鬟雾鬓；更萍天苇地，点缀些翠羽丹霞。莫辜负：四围香稻，万顷晴沙，九夏芙蓉，三春杨柳。

> 数千年往事，注到心头。把酒凌虚，叹滚滚英雄谁在？想：汉习楼船，唐标铁柱，宋挥玉斧，元跨革囊。伟烈丰功，费尽移山心力，尽珠帘画栋，卷不及暮雨朝云；便断碣残碑，都付与苍烟落照。只赢得：几杵疏钟，半江渔火，两行秋雁，一枕清霜。

上下联各九十字，两联共一百八十字，即使是词曲，也可以算是长调了。加上上联下联对仗工整，联内还有对仗，历史地理典故很多，一眼看来，的确是很难译成英文的。

我是怎样翻译的呢？现在就来分段试译吧。开始五个字"五百里滇池"，滇池如要形似，可以译成 Dian Pond（Pool），但是 pond 太小，和五百里不相称，所以不如 lake。滇是云南的简称，如果译成 Yunnan Lake（云南湖），那就要和云南的洱海搞混了，所以不如 Kunming Lake（昆明湖）。昆明湖会不会和北京颐和园的搞混呢？颐和园的湖本来就是模仿滇池造成的，所以译成昆明湖正好。滇池又名草海，所以也可译为 the Sea of Algae，但是 sea 又未免太大了。五百里自然可以译成 five hundred *li*，但 *li* 字外国人不知道，不如改成 mile（英里），而英里比中国里长。好在滇池并不真是四百九十九里加一，不必译得准确。字面准确有时反倒不确，不如字面上不求确，结果反而正确。所以"五百里"可有三种译法。后面四个字"奔来眼底"奔来可译为 run，roll（滚滚而来），或 roar（奔腾咆哮）。眼底可以译为 under or before the eye，into the sight or come in view。因此，第一句可以有三种不同的英译文：

1. The Yunnan Pond of five hundred *li* around runs under (before) my eyes.

2. The Sea of Algae extending a hundred miles around rolls into my sight.

3. The Kunming Lake extending for miles and miles around roars in view.

第二句"披襟岸帻"是敞开衣襟、推高头巾的意思，"喜茫茫空阔无边"是看到一片辽阔无边的湖水，不禁喜上眉梢，心潮起伏，也像澎湃的湖水一样。这句可以译成：

Wearing my hood high and throwing my chest out (or puffing up my breast), my blood flows up as the rising flood when I see the boundless water. (how happy I am, with swelling breast, to see the boundless lake!)

"披襟"有三种说法，out 可以放在 chest 之前，但是为了和 high 对称，就改放后面了。"喜茫茫"也有两种译法，第一种形象生动，并且用 blood 和 flood 两个双声叠韵词来译"茫茫"这对叠字，非常巧妙；这是从微观上来看，若从宏观上说，却似乎不如第二种气势磅礴。从语法的观点来看，第二种主句的主语和现在分词的主语一致。到底采用哪种译法，就要根据下联来确定了。

第三句"看：东骧神骏，西翥灵仪，北走蜿蜒，南翔缟素。"这句写滇池东西南北的地理环境：东边的金马山如昂首奔腾的神马，西边的碧鸡山如迎风展翅的凤凰，北边的群山像蜿蜒的一字长蛇，南边的丛山像翱翔的白羽仙鹤。全句对仗工整，东西相对，南北呼应，东西又和南北对称，富有形美，几乎不可能译得形似，只好意译如下：

Behold! the Golden Steed galloping in the east, the Green Phoenix flying in the west, the Long Snake serpentine in the north, the White Crane planing in the south.

译文加了"金"、"碧"、"长"、"白"四个形容词，都是原文内容所有、形式所无的词语。有人可能认为是画蛇添足，我却觉得译出了原文的对仗。知我罪我，只好见仁见智了。

第四句前半部"高人韵士，何妨选胜登临"，"高人"和

"韵士",可以说是句内对仗,也可以说就是高雅人士。"选胜登临"是说:选个名山胜地,可以登高望远,欣赏风景。后半部"趁蟹屿螺洲,梳裹就风鬟雾鬓;更萍天苇地,点缀些翠羽丹霞","蟹屿螺洲"也是句内对,可能是说像螃蟹或螺壳的小岛沙洲,也可能是捉螃蟹或捡螺壳的沙滩岛屿。后者像是地理教科书中的话,不如前者有文学味。其实,这里把小岛比作美人的头发在风中飘荡,在雾中显得朦朦胧胧,风鬟雾鬓又是句内对。如果译成捉蟹拾螺,未免煞风景了。下半的"萍天苇地,翠羽丹霞"也是句内对,又和前半的"蟹屿螺洲,风鬟雾鬓"对称。萍天并不是说浮萍长到天上去了,而是连天浮萍的意思,就是说天地之间的水面上都长满了浮萍和芦苇,再点缀着翠鸟红霞,真是美不胜收。这个长句可以试译如下:

> Brilliant talents, why not come to the height and enjoy the sight, visit the crab-like or shell-like islets, which look like beauties with hair flowing in the air or veiled in the mist, and what is more, duckweed and reed outspread as far as the sky dotted with green-feathered birds and adorned with rainbow-colored clouds?

这里,高人韵士合而为一,选胜登临却一分为二,而且 height 和 sight 是同韵词,读来更能感到对仗之美。蟹屿螺洲也是合二为一,风鬟雾鬓又是一分为二,重复了 like 一词,这是用重复来译对仗。更有甚者,萍天苇地还是合二为一,翠鸟红霞还是分译为二,而且 weed 和 reed 又是同韵词，这就是用音美来译对仗的形美了。

上联的最后一句"莫辜负：四围香稻，万顷晴沙，九夏芙蓉，三春杨柳。"用"莫辜负"统领的四个小句之中，第一小句和第二小句对称，第三和第四小句对称，第一、二小句又和第三、四小句对称。更有甚者，这四个小句都和前面的东西南北四个小句遥相呼应，对仗之美，真要令人叫绝了。前面的东西南北都是实译，这里的"四"、"万"、"九"、"三"都是数字，却是虚指，不必直译。现将全句试译如下：

Enjoy your fill of (Do not forget) the fragrant paddyfields all around, sparkling fine sand far and near, slender lotus blooms in late summer (or the ninth moon), and swaying willow trees in early spring (or the third moon)!

"莫辜负"三字如果译成否定，我想到用 belie（名不副实）或 forget（忘记），前者不恰当，后者太轻。我又想到一句格言 Bring men to match the mountains! match 是 be worthy of，是"配得上"的意思，也不恰当，不如译成肯定 enjoy your fill（尽情享受）更好。

下联第一句"数千年往事，注到心头"和上联第一句对称，但上联"五百里滇池"更实，"数千年往事"更虚。"往事"译成英文可用 past events 或 historical events，"数千年"可译成 thousands of years，如要和上联的 for miles and miles 对称，则可译为 from year to year。"注到心头"的动词可用 pour 或 come，后者太轻。全句可有两种译法：

1. The past events recorded during thousands of years come into my mind.

2. The historical events celebrated from year to year pour into my heart.

第一种译文更重真，第二种更重美，但两种都加了一个过去分词。上联如果要和下联对称，就只能用第二、三种加了现在分词的英译文。

下联第二句"把酒凌虚，叹滚滚英雄谁在？"说举起酒杯，对着茫茫太空，不禁感慨系之。几千年来的衮衮诸公，如今在哪里呢？这里的"滚滚"二字，和上联的"茫茫"对称。从内容上讲，"凌虚"也指茫茫太空，那就是双重对称了。从字形上讲，"滚滚"又和"衮衮"相通，指帝王将相的袍挂；还有一种解释，说千古英雄都随着滚滚江水东流而去，那就可以译成英文如下：

Holding a cup of wine and facing immensity, I sigh, for how many heroes have passed away with rolling waves.

原文"谁在"是疑问句，如果译成"衮衮英雄"，说 where are those heroes in ceremonial dress（穿得冠冕堂皇的英雄们到哪里去了？），形象就远不如"滚滚长江东逝水，浪花淘尽英雄"了。所以我的经验是:诗句有不同解释的时候,与其努力求真,不如尽量求美。

第三句"想:汉习楼船,唐标铁柱,宋挥玉斧,元跨革囊。"写的是历史上的丰功伟绩,和上联东西南北的地理形势遥遥相对。"想"可以是"想起"也可以是"回想"。汉唐宋元是中国的朝代,可以直译或音译,也可意译为远古、中古、近古。"汉习楼船",说的是公元前120年,汉武帝在长安西南开凿昆明池,修筑战船,演习战争,准备统一全国。"唐标铁柱",是说公元707年,唐中宗派大军击败入洱海的吐蕃蛮族,并立铁柱记功。"宋挥玉斧",指的是公元965年,宋太祖用玉斧(文房古玩)划定边界。"元跨革囊",却是讲公元1253年,忽必烈统帅大军,乘皮筏渡过金沙江,灭了大理国,使其并入元朝版图。这些历史上的丰功伟绩,就不容易直译,只好意译如下:

Remember (Think of) the warships (galleys) manoeuvred in ancient times (in the Han dynasty), the iron pillar erected in middle age (in the Tang dynasty), the frontiers pacified in later years (in the Song dynasty), the leather rafts crossing the turbulent river in still later days (in the Yuan dynasty)!

第四句前半"伟烈丰功,费尽移山心力"并不难译。后半又是对联中的对联:"尽珠帘画栋,卷不及暮雨朝云;便断碣残碑,都付与苍烟落照。"此句除"句对"中有"字对"之外,还化用了唐代诗人王勃的《滕王阁诗》:"画栋朝飞南浦云，珠帘暮卷西山雨。"说这些丰功伟绩也像画栋上的朝云、珠帘前的暮雨一样，不久就烟消云散，记功碑也或断或残，倒塌在苍茫的烟雾之中，落日的残照之下。这后半四小句用"尽"和"便"引起，和上联用"趁"和"更"引起的四个小句遥相对应，更显得对仗工整。现把全句译成英文如下：

> Valiant exploits have exhausted mountain-moving strength, mental and physical, but the pearly screens and painted beams last not longer than morning clouds and evening rain, and the broken stone tablets and ruined monuments lie buried in the grizzling smoke and the departing rays of the setting sun.

这样把"心力"译成对称的 mental 和 physical，可以勉强和上联的同韵词 height 和 sight 对应；"珠帘画栋"的英译却用了"p"的双声和"ee"的叠构，是用音美来传达原文对仗的形美；只有"暮雨朝云"用的是对仗译对仗。由此可见，在形似能传达原文形美时，我并不反对译得形似。上联"萍天苇地"的译文用了在空间上 outspread as far as the sky，下联的"卷不及"译成在时间上 last not longer than...，可以算是错位的对应。上联"翠羽丹霞"的译文中用了复合分词，下联的"苍烟落照"就都用现在分词来对应了。严格说来，这种译法只能说是差强人意而已。

下联最后一句"只赢得：几杵疏钟，半江渔水，两行秋雁，一枕清霜。""只赢得"三个字统领最后四个小句，和上联的"莫辜负"三个字对称；四个小句又都用数字开始，和上联用数字起头的四个小句对应，可以说是对仗非常工整，内容是说："滚滚英雄所余留下来的，不过是怀念他们的山寺钟声，谈论他们的江边渔樵，给他们传递过书信的两行秋雁，一觉醒来发现的满地寒霜而已。"这四个小句中包含了几个典故。第一、二小句中有唐代诗人张继《枫桥夜泊》中的"江枫渔火"和"夜半钟声"，第三、四小句中有宋代名臣范仲淹《渔家傲》中的"塞下秋来"、"衡阳雁去"和"霜满地"，最后一句中有唐代《枕中记》的"一枕黄粱"，是说黄粱小米还没煮熟，封侯拜相的好梦就醒过来了，把丰功伟绩比作黄粱一梦，意境苍凉。全句可以译成英文如下：

> What remains is only sparse temple bells ringing in the mountains, fishermen's lantern light flickering by riverside, two rows of wild geese flying in autumn sky and a dreary dream of hoary winter frost.

最后的"一枕清霜"如果直译为 a pillow of clear frost，那就会使人误以为枕头里装的是白霜了。所以在内容和形式统一的时候（如东南西北），可以直译，或者说可以译得形似；在内容和形式有矛盾时（如一枕清霜），那就应该意译，或者说应该译得神似。据电子计算机统计，西文文字之间，90％以上可以找到对等词，所以互译时多半可以直译；中西文字之间只有40％多可以对等，所以互译时多半要用意译。由于历史原因（如宋挥玉斧）或文化关系（如鱼雁传书），直译不能解决问题，也是意译更好。至于归化与异化的问题，我觉得不如直译和意译，或形似与神似的提法更明确，因为翻译都是在内容上异化，在词语上归化的，不过程度不同而已。如"一枕清霜"的译法，既不能说是归化，也不能说是异化，只能说是意译或神似，也可以说是优化了。现在根据优化的原则，我把这副长联的译文尽量改得对仗工整：

The Kunming Lake extending a hundred miles around rolls before my eyes. Wearing my hood high and throwing my chest out, how happy I am to see the vaste expanse of water! Behold! the Golden Steed galloping in the east, the Green Phoenix flying in the west, the Long Snake serpentine in the north and the White Crane planing in the south. Brilliant talents may come to the height and enjoy the sight, visit the crab-like or shell-like islets which look like beauties with hair flowing in the air or veiled in the mist, where duckweed and reed outspread as far as the sky dotted with green-feathered birds and rainbow-colored clouds. How can you not enjoy your fill of the fragrant paddyfields all around, sparkling fine sand far and near, slender lotus blooms in late summer and swaying willow trees in early spring!

The historical events passed thousands of years ago pour into my mind. Holding a cup of wine and facing immensity, I sigh, for how many heroes have passed away with rolling waves. Remember the warships manoeuvred in ancient times, the iron pillar erected in the golden age, the frontier pacified with jade ax in the silver epoch and the leather rafts crossing the turbulent river in modern era. Valiant exploits have exhausted mountain-moving strength mental and physical, but pearly screens and painted beams last not longer than morning clouds and evening rain, and broken stone tablets and ruined monuments lie buried in the grizzling smoke and the sun's departing rays. What remains is only sparse bells ringing in cold hills, fishermen's lantern lights by riverside, two rows of wild geese flying in autumn sky and a dreary dream of hoary winter frost.

　　如以上下联的最后一句为例，"莫辜负"和"只赢得"如要译得对称，可用 you should not forget 和 you can only get，虽然重复 get，但意美远不如现译，所以就舍形美而取意美了。"四围香稻，万顷晴沙"都是空间状语在前，但数字却不能译得确切，这里意译放在后面；"几杵疏钟，半江渔火"也是以数字开始，前半没有空间状语，为了对仗，只好根据张继诗中的"寒山寺"补上，好和后半的江边对称。"九夏芙蓉，三春杨柳"和"两行秋雁，一枕清霜"包含了春夏秋冬四季在内，比数字的对称更重要，所以就不确切地译出三月和九月。只有"两行"是直译，"一枕"更不可能译得确切了。

以上谈的是中译外，外译中应该译得"信达切"还是"信达优"呢？现在把罗曼·罗兰在《约翰·克里斯托夫》第960页引用"星中古石"的一首小诗抄录于下：

Il est aussi peu en la puissance de toute la

faculté terrienne d'engarder la liberté

françaicé de parler, comme

d'enfouir le soleil en terre,

ou l'enfermer

dedans un

trou.

这首小诗本身可能就是译文，从形式看来，原诗应是七行，上长下短，最后三行的字数分别是三二一，那么前四行的字数就应该是七六五四了。根据雨果一首形式类似的小诗《神灵》看来，原诗应该是押韵的。《神灵》的前四行是：

Murs, ville (城墙)

Et port, (海港)

Asile (隐藏)

De mort, (死亡)

雨果的诗每行二字或两个音节，隔行押韵；译文也是每行二字，四行一韵，传达了原诗的形美和音美。傅雷把罗兰的小诗翻译如下：

用尽尘世的方法去禁锢法国的言论自由，

其无效就等于想把太阳埋在地下或关在洞里。

  光以意美而论，译文可算是"信达切"的了。但从音美和形美的观点看来，把七行上长下短，隔行押韵的小诗压缩成两行无韵的分行散文，却不能算最好的译文表达方式。

  根据"信达优"的原则，我把这首小诗重译如下：

法国人没有力量

禁止言论自由，

不能把太阳

埋进地球。

打个洞，

没有

用。

  译文也分七行，从上到下每行字数是七六五四三二一，第一、三行，二、四、六行，五、七行各押一韵。如以"信达切"而论，把"法国人"译成主语是不确切的，不符合"形似而后神似"和"最佳近似值"的原则；如以"信达优"而论，则无论意美、音美、形美，都可以说是胜过了傅译，以音美而论，甚至可以说是胜过了原文。所以我说文字翻译是两种语文的竞赛，看哪种文字能更好地表达原文的内容，雨果四行诗的译文也可以说在和原文竞赛，如以用韵的密度定高下，甚至可以说译文不在原诗之下。检验理论的唯一标准是实践。检验翻译理论的唯一标准就是翻译实践。

根据我六十年来中英法三种文字互译的经验看来，我仍坚持"信达优"论是中外互译中实用性最高的文学翻译理论。

以上谈的是如何翻译的问题，最后我要谈的是为什么翻译，也就是翻译的目的论。在我看来，文学翻译的目的是使读者知之、好之、乐之。所谓知之，就是理解；所谓好之，就是喜欢；所谓乐之，就是愉快。如以"汉唐宋元"的译文而论，音译只能使了解中国历史的外国读者知之，却不能使不知道中国历史的读者理解，所以不如意译为 middle ages，later year，still later days，可使更多的外国读者知之，知之然后才有可能好之。如果译文意似能使读者好之，那么把唐朝译成神似的 golden age（黄金时代），把宋朝译成 silver age（白银时代），把元朝译成 modern era（近代，长联作者是清朝人，元朝可算近代），可以使读者知之更多，好之更甚，甚至乐之。能使读者乐之，就达到了文学翻译的最高目的。这就是我文学翻译的三部曲：一问译文能否使读者知之？二问能否好之？三问能否乐之？这也是我翻译心路历程的三部曲。

典籍英译，中国可算世界一流

中国第一位荣获诺贝尔奖的华人科学家杨振宁在他传记的封面上说："我一生最重要的贡献是帮助改变了中国人自己觉得不如人的心理。"我觉得这句话的后半句也可以应用到典籍英译上来。

英国伦敦大学格雷厄姆教授在他英译的《晚唐诗》序言中说："我们几乎不能让中国人去翻译唐诗。"

中国人能不能英译唐诗？我们现在来看看《晚唐诗》中李商隐一首《无题》的两行译文。原文是："金蟾啮锁烧香入，玉虎牵丝汲井回。""金蟾啮锁"是说唐代富贵人家的大门上，用金蛤蟆咬锁来做门环，咬住锁表示天晚了，大门上锁了。"烧香"是唐代的风俗习惯，早晚烧香祈天敬神。"入"是进门的意思，主语是诗人自己。全句是说：天晚烧香锁门的时候，诗人进门了。第二句的"玉虎"是唐代富贵人家水井辘轳上的装饰品，"牵丝"是拉起井绳的意思。为什么把井绳说成是"丝"？那是因为"烧香"中的"香"和"相"同音，"丝"又和"思"同音，"香丝"暗示"相思"，这是全诗的主题思想。"汲井"就是打井水。唐代的风俗习惯，天一亮就打井水，以备一天之用。最后一个"回"字主语还是诗人，全句是说：早晨打井水的时候，诗人就离开他所相思的情人回家了。这两句诗是影射一次幽会的。现在我们再来看看英国教授的译文：

> A gold toad gnaws the lock. Open it, burn the
> incense.
> A tiger of jade pulls the rope. Draw from the well
> and escape.

这个译文还原成中文大致是：一只金蛤蟆咬着锁。开锁烧香吧。一只玉虎拉着井绳。打上井水逃走吧。译文和原文几乎字字对等，可以算是形似的译文，但和原诗内容却相差很远。再看看中国人的译文：

> When doors were locked and incense burned, I
> came at night;
> I went at dawn when windlass pulled up water cool.

这个译文既没有译"金蟾"，也没有译"玉虎"，可以说是很不形似的了，但却基本传达了原诗的内容，不形似而意似。至于诗人在"入"与"回"之间的良宵一刻值千金，却尽在不言中了。所以译文不但意似，而且神似。21世纪中国人的要务，是要改变自己觉得不如人的心理。英文是英国人的强项，中国人的译文居然可以胜过英国教授，自然可以算是世界一流的了。

一个例子也许不够说明问题，我们再来看看中国最古老的典籍《诗经》的英译吧。《诗经》第一首《关雎》的原文如下：

关关雎鸠，在河之洲。窈窕淑女，君子好逑。

参差荇菜，左右流之。窈窕淑女，寤寐求之。

求之不得，寤寐思服。悠哉悠哉，辗转反侧。

参差荇菜，左右采之。窈窕淑女，琴瑟友之。

参差荇菜，左右芼之。窈窕淑女，钟鼓乐之。

关于《关雎》，《诗经鉴赏集》第161—162页上解释说：“关关”两句表示时令，夏历二月春分季节，鸟兽开始交配，荇菜开始发芽，入夏才浮出水面；“左右流之”是说明荇菜在水面上或左或右浮动的样子；“左右采之”是说明到了夏秋之间长大可采，比兴男女双方的恋爱已经达到成熟阶段；“琴瑟友之”说明还举行过订婚仪式；“左右芼之”说明结婚的季节，是在秋冬农事闲暇，荇菜成熟之后，人们煮熟来吃，在婚礼上招待客人。总而言之，《关雎》歌唱新婚夫妇在一年内由相识、求爱、热恋、订婚到结婚的全过程。因此，孔子把《关雎》列为《诗经》的第一篇，因为这首诗概括了礼乐齐家治国的思想。礼模仿自然界外在的秩序（春夏秋冬），乐模仿自然界内在的和谐（琴瑟模仿关关的和声）。现在，我们来看看英国译者 Waley 和中国译者的译文。

Waley:

"Fair, fair," cry the ospreys
On the island in the river.
Lovely is this noble lady,
Fit bride for our lord.

In patches grows the water mallow;

To left and right one must seek it.

Shy was this noble lady;

Day and night he sought her.

Sought her and could not get her;

Day and night he grieved.

Long thoughts, oh, long unhappy thoughts,

Now on his back, now tossing on to his side.

In patches grows the water mallow;

To left and right one must gather it.

Shy is this noble lady;

With great zither and little we hearten her.

In patches grows the water mallow;

To left and right one must choose it.

Shy is this noble lady;

With gongs and drums we will gladden her.

Xu:

By riverside are cooing

A pair of turtledoves.

A good young man is wooing

A fair maiden he loves.

Water flows left and right

Of cresses here and there.

The youth yearns day and night

For the good maiden so fair.

His yearning grows so strong,

He cannot fall asleep.

He tosses all night long,

So deep in love, so deep!

Now gather left and right

The cresses sweet and tender!

O lute, play music bright

For the bride sweet and slender!

Feast friends at left and right

On cresses cooked tender!

O bells and drums, delight

The bride so sweet and slender!

　　比较一下两种译文，到底哪种好些？首先是"雎鸠"，英国人说是鱼鹰，中国人说是斑鸠。鱼鹰是吃鱼的，英国人自己也觉得用于婚歌不妥；而斑鸠却是成对成双的鸟，用于婚礼更加合适。第二是"关关"，英国人译成"fair, fair"，请问鱼鹰有这样叫的吗？中国人说是"咕咕叫"，而"咕咕"正是斑鸠的叫声。所以可以说，中国人的译文胜过了英国人的。第三，英国人把"淑女"和"君子"都说成是贵族，贵族会亲自到河边来采集荇菜吗？不会，所以中国人说是平民男女，这又远远胜过了英国人的译文。第四，英国人把"流之"、"采之"和"芼之"译成 seek（寻找），gather（采集）和 choose（选择），虽然不能算错，但完全看不出荇菜春生夏发、浮出水面、秋收冬藏、宴请客人的情况。而这正是全诗的主要思想，说明劳动人民按照春夏秋冬的季节，过着劳逸结合的生活，显示了中国古代人顺应自然、天人合一的哲学思想。这种思想在中国人的译文中却体现出来了。有没有这种体现，可以说是翻译这首诗的成败关键。比较一下两种译文，高下就分明了。

美国加州大学东语系主任 Stephen H. West 教授在向外文出版社推荐许译《诗经》的信中说："The poems are a delight to read."（这些诗读来是一种乐趣。）世界闻名的英国企鹅出版公司出版的《中国不朽诗三百首》第一首选的就是许译《关雎》。最近，美国加州大学出版社来信说：Stanford 大学要选30篇许译古诗词作为教材，问我是否同意。Stanford 大学是2005年全世界排名第五的大学（第一Harvard，第二 MIT，第三 Cambridge，第四 Oxford），我觉得许译能被选作教材是种荣誉。

有美国博士可能不懂中国诗词，做出相反的判断，也许情有可原。如果中国博士也得出和那位美国博士一样的结论，那他的调查研究工作就未免太主观片面了。因为马红军博士论文 [1] 中说，他所调查的美国读者"绝大多数根本不了解"中国诗词，"所做的评价也完全基于英诗的标准，而忠实与否则不予考虑"。不懂中国诗词的美国读者所做的评价和懂得中国诗词的美国教授的评价怎么可以相提并论？根据这种调查研究得出来的结论，怎么可以作为博士论文的

1　马红军：《从文学翻译到翻译文学》，上海译文出版社，2006 年。

立论呢?

马博士的论文第148页上引用《清韵诗刊》上的话说:"所引三种译文,格(指格雷厄姆——作者注)译最好,能接受。其余两种(指中国人的译文,包括许译——作者注)不能接受。格氏说不能让华人译唐诗,是至理名言。"格雷厄姆的译文是否最好,前面已对李商隐诗的译文作了批判,可说不知所云,引文却反说我吹牛。《中国教育报》2001年9月27日报道我是"诗译英法唯一人",五年来全世界并没有出现第二个。这是吹牛还是事实呢?把事实上的"唯一人"说成是吹牛,不是说明这个中国人觉得自己不如外国人吗?

中央电视台《大家》栏目播放世界数学大师陈省身的话:"一般中国人觉得我们不如外国人,所以我要把这个心理给改过来。"这和前面引用《杨振宁传》上的话基本一样,两位世界级的科学大师都关心中国人的自卑心理,可见问题多么严重。马博士的论文居然引用错误的言论而不加批评,是否表示同意?《中国教育报》白纸红字(标题用了红字)写的是"诗译英法唯一人",引用者改成"汉诗英译第一人",汉诗英译我不是第一个,于是引用者就说我吹牛了。但把中国诗词译成英法韵文,至今我还是全世界的唯一人,怎能说是吹牛?马博士论文的主题是许渊冲文学翻译研究,怎能对这个大问题不做调查?如果做了调查,会引用这种错误的言论吗?论文答辩时,不知道有没有人指出这个问题来。如果没有那问题就更加严重,涉及到一个大学的学术水平了。因此我要指出这个错误,说明典籍英译,中国实是世界一流。

自然,典籍不限于《诗经》和唐诗,还有散文,如《论语》、《老子》等。翻译散文和诗有什么不同？袁行霈在《中国诗歌艺术研究》第6页谈到宣示义和启示义时说："宣示义，一是一，二是二，没有半点含糊；启示义，诗人自己未必十分明确，读者的理解未必完全相同，允许有一定范围的差异"。散文一般只有宣示义，诗却有启示义，所以《关雎》的两种译文理解不同。袁行霈在第7页上又说："一首诗艺术上的优劣，在一定程度上取决于启示义的有无。一个读者欣赏水平的高低，在一定程度上也取决于对启示义的体会能力。"英国译者不能体会《关雎》和李商隐《无题》诗的启示义，欣赏水平低，所以翻译水平也低于能欣赏启示义的中国译者。

翻译散文一般只要译宣示义，比译诗更容易。现在我们就以《论语》为例，来作说明。恰好《中国外语》今年第1期发表了一篇《关于〈论语〉英译的几个问题》，文中谈到"以理雅各（Legge）为代表的直译"和"以威利（Waley）为代表的意译"，我们就来比较理雅各、威利和中国人英译的《论语》第一段："子曰：'学而时习之，不亦说乎？有朋自远方来，不亦乐乎？人不知而不愠，不亦君子乎？'"

Legge:

The Master said, "Is it not pleasant to learn with a constant perseverance and application? Is it not pleasant to have friends coming from distant quarters? Is he not a man of complete virtue, who feels no discomposure though men may take no note of him?"

Waley:

The Master said, To learn and at due times to repeat what one has learnt, is that not after all a pleasure? That friends should come to one from afar, is this not after all delightful? To remain unsoured even though one's merits are unrecognized by others, is that not after all what is expected of a gentleman?

Xu:

Is it not a delight, said the Master, to acquire knowledge and put it into practice now and then? Is it not a pleasure to meet friends coming from afar? Is he not an intelligentleman, who is careless alike of being known or unknown?

三种译文大同小异，有无高下之分呢？首先，"学"的第一、二种译文都译成 learn，但 learn 可以是得到知识，也可以是学会手艺，所以第三种译文比前两种更精确。第二，"习"字理雅各译成状语，说是坚持不懈，似乎过分强调。威利译成"重复"，似乎又嫌过于简单。第三种译文说付之实践，可能分寸更加恰当。第四，"说"（同"悦"）指精神上愉悦，"乐"指生活上寻欢作乐，理雅各译成同一个形容词，毫无区别。威利却把"愉悦"译成"欢乐"，"欢乐"译成"愉悦"，恰恰弄颠倒了。只有中国人的译文正确。第五，理雅各的"远方"译得具体，威利译得抽象，抽象比具体好，中国人沿用了威利的译文。第六，"人不知"中的"知"字，理雅各说是"注意到"，可能略嫌不足；威利说是人才没有得到承认，更加确切；中国人说不管人家知道不知道，内容更加广泛；三者各有千秋。第七，"愠"字理雅各译成面不改色，可算恰当；威利说是并不寒酸，也不亚于前译；中国人说满不在乎，更加通俗；三者难分高下。最后，"君子"最不好译，理雅各太重，威利太西化，中国人用了钱锺书创造的新词（"士"或"知识分子"），可能胜过前人。因此典籍英译，无论诗或散文，中国不算世界第一，至少也可说是世界一流。

美国《新闻周刊》2005年4月有一期的封面上写着：21世纪是中国世纪。中国世纪并不限于经济上崛起，还包括文化复兴在内。中国人的典籍英译，就是中国文化复兴的一面旗帜。迄今为止，许译中国古典文学名著已经出版了《论语》、《老子》、《诗经》、《楚辞》、《唐诗三百首》、《宋词三百首》、《元曲三百首》、《李白诗选》、《苏东坡诗词选》、《西厢记》等。中国人的典籍英译，即使不说胜过，至少也可和英美人的译文比美。这些成就难道不值得中国人自豪？请问世界上哪个外国人能把本国的经典作品译成中文？中央电视台《东方之子》采访我时，我就说过："自豪使人进步，自卑使人落后。"

（原载《中国外语》2006年第5期）

中西翻译理论比较

2000年南京译林出版社出版了廖七一编著的《当代西方翻译理论探索》。第一章第三节《当代译论》中说："二十世纪被誉为'翻译的时代'（Newmark）"。"在第一个阶段（许注：1900—1945）西方的译论主要仍从古典文学翻译的角度出发，大多停留在传统的翻译方法上，确有突破的见解不多。著名的翻译理论家有意大利的克罗齐……俄罗斯的楚科夫斯基。"克罗齐（Croce，1866—1952）"认为语言行为具有不可重复性，因此文学翻译不可能完美地再现原作；其次，文学翻译是艺术的再创作过程，译作不可能与原作等同，必然带有译者的风格，译者的目标应使译文本身成为独立的艺术品"。楚科夫斯基（K. I. Chukovsky，1882—1969）认为"译者应尽可能排除自己的时代和风格对译文的影响，客观地再现原文精神；译文应通顺、流畅、地道，避免带有外国腔，避免模仿、套用原作语言结构，使译文佶屈聱牙"。克罗齐和楚科夫斯基的看法大同小异，不同的是对译者风格的态度：克氏从消极方面看，认为不可避免；楚氏从积极方面看，认为应该尽可能排除。其次，克氏从消极方面看，认为译文不可能完美地再现原作；楚氏从积极方面看，认为译文应客观地再现原作精神。但是译者风格能否排除，原作精神能否"客观地"再现，这就要用实践来检验了。

20世纪第一阶段中国译论的代表有鲁迅的"直译"和傅雷的"意译"（"神似"）。鲁迅比较接近楚氏，但他认为译文可以带有"外国腔"，这点就和楚氏不同。傅雷比较接近克氏，但他除"神似"外，又说："在最大限度内我们是要保存原文句法的"（《翻译论集》第548页），这点又和克氏不同了。恰好罗曼·罗兰《约翰·克里斯托夫》第108页有一句话既有鲁迅的直译，又有傅雷的意译，现在抄在下面，以便比较：

Il marchait sur le monde.

（鲁迅）他踏着全世界直立着。

（傅雷）他顶天立地的在世界上走着。

鲁迅是根据日文转译的，如从法文直译，应该是"他在世界上走着"或"大踏步走着"，傅雷为了神似，译成"顶天立地"，这就不但是意译，可以算是超越原文的"创译"了。因此傅雷可以算是中国文学翻译学派的先行者。至于"保存原文句法"的问题，我们来看《约翰·克里斯托夫》第1467页中的一句：

l'ami ne quitte son amie que quand son âme y consent.

（傅雷）你心里不同意的时候，永远不会离开你的朋友。

如要保存原文句法，法文可以直译为："男朋友只有在他心灵同意的时候才会离开他的女朋友。"傅雷没有保存原文句法，把肯定句译成否定句，意义反而不如肯定句明确，因此不如原文容易理解。但保存原文句法是不是最好的译文呢？也不见得。如果要用神似的"创译"法，就可以翻译如下：

（创译）男欢女爱，只要心在一起，就永远不会分开。

由此可见，20世纪中国文学翻译理论融合了西方克氏和楚氏的译论，至于保存原文句法，不只限于散文，翻译诗歌同样可以在最大限度内保存。如同书960页有一首诗：

Il est aussi peu en la puissance de toute la

faculté terrienne d'engarder la liberté

françaicé de parler, comme

d'enfouir le soleil en terre,

ou l'enfermer

dedans un

trou.

这是罗曼·罗兰翻译的"星中古石"，原诗七行，每行字数分别是7，6，5，4，3，2，1，隔行押韵。罗兰的法译文基本保存了原文的句法，每行字数由多到少，但是没有押韵，不合原诗格律。现在我们再看看傅雷的译文：

　　用尽尘世的方法去禁锢法国的言论自由，

　　其无效就等于想把太阳埋在地下或关在洞里。

　　比较一下罗兰和傅雷的译文，可以说法文保存原文的句法比中文多，但是不是最大限度的保存呢？不是，如要达到更高的限度，应该像原文一样押韵，例如下面的创译：

法国人没有力量

禁止言论自由，

不能把太阳

埋进地球。

打个洞

没有

用。

　　这样的创译和原文的格律形式基本一致：每行的字数逐行减少一个，1、3行，2、4、6行，5、7行押韵。可以说在保存原文的形式上，比罗兰和傅雷的译文达到了更高的限度。不过创译是中国20世纪第二阶段提出的翻译理论，而西方呢？

　　《当代西方翻译理论探索》第16页上说：美国麻省大学翻译系根茨勒（Gentzler）教授"将二十世纪下半叶的翻译理论划分为美国翻译培训派、翻译科学派、早期翻译研究派、多元体系派和解构主义派。奈达、卡特福德、纽马克、穆南、威尔斯、菲道罗夫等已成为世界范围内极有影响的翻译理论家"。"美国翻译培训派（The American Translation

Workshop）注重文学作品的翻译，其指导思想是翻译是一门艺术……理查兹、庞德和威尔是该学派的主要代表。"

庞德是英美意象派诗人的代表。《中国翻译》总191期第51页上说："对于意象析字法，庞德颇有自己的见解……他认为，汉字属于象形文字，极富自然性、意象性和诗意……表达了中国文化的特色。因此，只有通过分析汉字的不同构造来找出其不同的含义，才能传达出汉语的真实意义。"第52页上又举《论语》第二章的英译为例："'子曰：……道之以德，齐之以礼，有耻且格。'庞德将之译为：'He said governing them by looking straight into one's heart and then acting on it (on conscience), and keeping order by rites, their sense of shame will bring them not only to a conformity but to an organic order.'在这里，庞德将'德'译成'looking straight into one's heart and then acting on it'（直视内心并按照自己的心声来行事），将'格'译为'有机的秩序'"。其实，庞德翻译"德"字，用的是"意象析字法"，因为"德"字右边中间有一个横写的"目"字，下边又有个"心"字，意象仿佛是横目直视内心，所以庞德就译为"直视内心"了。这个译文非常新颖，说明了庞德把翻译当着一门艺术的思想。

20世纪第二阶段的中国译论又如何呢？中国译论的"直译派"发展得有点像西方的科学派，"意译派"却有点像西方的艺术派。"意译派"和艺术派都把翻译当一门艺术，这是中西理论相同之处；庞德翻译用的是"析字法"，中国译者认为他是望文生义，所以不用"析字法"，这是中西翻译实践不同之处。下面就看看中国译者《论语》（*Thus Spoke the*

Master）第二章同一句的英译文：

> If they are led by virtue and order is kept by the rites, they would he conscientious and act in accordance with what is right.

比较一下中西两方的译文，可以看出他们的异同。"道之以德"，双方都把"道"字理解为"导"，但庞德译成"领导"、"治理"，中方译为"引导"，各有千秋。"德"字庞德译成"直视内心"，可以理解为"内省"是否合乎道德，虽然不能算错，并且独辟蹊径，非常新颖，但到底不能以偏概全，所以中方直译，平淡无奇，而且"德"字多义，译文也难面面顾到。"齐之以礼"，中西大同小异，中方用被动态，西方用主动态。"有耻且格"，庞德译文形象具体，中方译文更好理解。由此可以看出中西译法的异同。总之，中国鲁迅得之在真，失之在美；庞德得之在美，失之在真；傅雷真美各有得失。

《论语》是庞德翻译的散文，至于诗呢？郭建中编著的《当代美国翻译理论》第43页上说：庞德的"诗歌翻译理论，实际上是他的意象派诗学的延伸和发展"。第42页上说："庞德提出（1）写诗要用'意象'，要写得具体、确切，避免抽象。（2）形式上要创造节奏以表达新的诗情……（3）要写得精炼、浓缩，不用废字，不用修饰。（4）要写得明确，清楚，不模糊，含混。（5）使用通俗的语言……"什么是"意象"呢？第45页上说："一个'意象'要在转瞬间呈现给人们一个感情和理智的综合体"，如他把'德'字译成

'直视内心'，就是一个具体的'意象'，但是不够确切，不宜用于散文，却可用于译诗。""形式上要创造节奏"，这有点像中国译诗论者提出来的"音美"，不过"音美"不止包括节奏，还有韵律、双声、叠韵等。"精炼"、"浓缩"却有点像中国学派提出的"意美"，不过"意美"不只限于"精炼"，内容还更丰富。"明确"、"通俗"也有点像中国译者提出的"形美"，不过"形美"范围更广，还包括"对仗"、"重复"、"叠字"等。总之，庞德的译诗理论和中国译者提出的"三美论"有同有异。究竟是大同小异，还是异多于同？还是要看实践。庞德翻译了李白的《长干行》，在国外大受欢迎，并且作为创作，选入了庞德诗集。现从诗中选录一段，并且附上中国译者香港版的《唐诗三百首新译》中的译文，以便比较。

（1）李白：

　　十六君远行，瞿塘滟滪堆。

　　五月不可触，猿声天上哀。

　　门前旧行迹，一一生绿苔。

　　苔深不能扫，落叶秋风早。

　　八月蝴蝶黄，双飞西园草。

　　感此伤妾心，坐愁红颜老。

（2）Pound：

At sixteen you departed,
You went into far Ku-to-yen, by the river of

swirling eddies.

And you have been gone five months,

The monkeys make sorrowful noise overhead.

You dragged your feet when you went out.

By the gate now, the moss is grown, the different
    mosses,

Too deep to clear them away!

The leaves fall early this autumn, in wind.

The paired butterflies are already yellow with
    August

Over the grass in the West garden;

They hurt me. I grow older.

(3) X. Y. Z.:

I was sixteen when you went away,

Passing Three Canyons studded with rocks gray,

Where ships were wrecked when spring flood ran
    high,

Where gibbons' wails seemed coming from the sky.

Green moss now overgrows before our door,

Your footprints, hidden can been seen no more.

Moss can't be swept away: so think it grows,

And leaves fall early when the west wind blows.

In the eighth month the yellow butterflies in autumn

    pass

Two by two o'er our western-garden grass.

This sight would break my heart, and I am afraid,

Sitting alone, my rosy cheeks would fade.

　　比较一下两种译文，可以说庞译不确切。第一行把女方十六岁误译为男方十六；第二行形象生动，但写水而不写岩石，又不确切；第三行把春季五月错译成五个月，第五行又较生动，但把"行迹"误解为"拖着脚走"，"八月蝴蝶黄"译成蝴蝶因秋来而变黄，说法新颖，但英文八月不是秋天，又不确了。总之，庞译好处是新颖生动，缺点是不确切，得之于"美"而失之于"真"。而"美"比起港译的"三美"来，不确切减少了"意美"，无韵减少了"音美"，长短不齐减少了"形美"。无论理论或实践，西方都不如东方了。

　　以上比较了中国诗词翻译论者和美国翻译艺术派的代表庞德的翻译理论。至于西方科学翻译派的理论，《当代西方翻译理论探索》第35页认为奈达（Nida，1914—）是一个代表。《当代美国翻译理论》第65页上引用奈达的话说："所谓翻译，是在译语中用最切近而又最自然的对等语再现原语的信息。"接着又说："这是奈达对动态对等所下的定义……对等是对等语（equivalent）而不是同一语（identity）……强调的是翻译中'内容为主，形式为次'的思想……这一思想引起了不少误解，认为翻译只要翻译内容，不必顾及表达形式。因此，……奈达后来把'动态对等'的名称改为'功能对等'……功能对等的翻译，要求'不但是信息内容的对等，而且尽可能地要求形式对等'"。关于对等，该书第62页举了 white as snow（白如雪）

为例，说在没有雪只有霜的地方，可以译成白如霜，第63页上说："如果在目的语中没有相应的成语，那么就可译成'很白'或'非常白'"，这也算功能对等了。但这有没有顾及表达形式呢？如果算顾及了，那"白如雪"，形象具体，"非常白"却很抽象，能不能算功能对等呢？可见"对等论"有问题。

中国译论者不提"对等论"（Equivalence）而提"优化论"（Excellence）。"优化"可分三种：浅化、等化、深化。"对等"只是"等化"的一部分，如奈达提的"白如雪"是对等，那"白如霜"就是"等化"，"非常白"却是"浅化"。"等化"和"浅化"是不是"优化"呢？那要看有没有更好的译文。如"等化"的"白如霜"和浅化的"非常白"都不如对等的"白如雪"，所以不能算是"优化"。但由中国译者提出，由奈达认可的，把英文成语 spring up like mushrooms（像雨后蘑菇一样迅速生长）译成"雨后春笋"就可算是"等化"，也可说是"优化"。什么是"优化"？英国诗人 Coleridge 说 "Poetry is the best words in the best order"。如果用了 the best words（最好的文字），那就是"优化"。"优化"最重要的是"深化"，这却是奈达没有提到的，而是中国文学翻译理论不同于西方译论，又胜过西方译论的一点。下面就来举例说明：英国 Dickens（狄更斯）在他著名的小说 *David Copperfield*（《大卫·科波菲尔》）开始时谈到大卫的出生，原文和董秋斯的译文如下：

The clock began to strike, and I began to cry, simultaneously.

> 钟开始敲，我开始哭，两者同时。

　　董秋斯是中国的直译派，译文可以算是和原文"对等"的了，但是读来枯燥无味，尤其是"两者同时"，简直不是文学语言。所以可以优化如下：

> 钟声当当一响，不早不晚，我就呱呱坠地了。

　　译文增加了原文内容所有、形式所无的钟声和哭声，却使读者如入其境，如闻其声；又把"同时"分译为既不早也不晚，读来朗朗上口，这就是原文的深化，译文的优化了。原文和译文用词可以算是对等，但原文是 best words in best order，而译文（"两者同时"）不是最好的文字，也不是最好的安排或顺序（原文放在句末，译文应该放在句中），所以需要优化。其实奈达提出的"对等论"，只适用于西方文字的互译，因为西方都是拼音文字，据统计有90%的词汇可以对等；而不适用于中西文字的互译，因为中文是象形文字，只有40%多可以在西方文字中找到对等词。所以在中西互译时，有一半以上不能用"对等"的原则。下面就来举例说明。中国最古老的《诗经》流传了两三千年，但《诗经》第一篇的"关雎"二字，就找不到对等词："关"是什么声音？"雎鸠"是什么鸟？在中国也议论纷纷，莫衷一是。有人说是水鸟，有人说是斑鸠。水鸟与全诗的婚恋主题不合，还是斑鸠合理一些。如果"雎"指斑鸠，那"关"就是斑鸠的鸣声，斑鸠是"咕咕"叫的，而"关"和"咕"是双声词，"关关"开口响亮，"咕咕"闭口低沉，所以诗中用"关关"代"咕咕"。这样，就可以把"关雎"优化为"咕咕叫的斑鸠"，译成 cooing turtledoves。由于诗题中没出现"鸠"，只出现了"雎"，而"雎"的意义难以断定，只好根据全诗的"婚恋"主题，和"君子好逑"的思想（wooing），把诗题译成：Cooing and Wooing。这是中国学派运用优化原则的道理。译词的原则同样可以应用于译句。如《诗经·小雅·采薇》中的千古丽句："昔我往矣，杨柳依依。今我来思，雨雪霏霏。"就有几种不同的译文。下面先看两种：

（1）Legge:

> At first, when we set out, / The willows were fresh and green;
>
> Now when we shall be returning, / The snow will be falling in clouds.

（2）X. Y. Z.:

> When I left here, / Willows shed tear.
> I come back now, / Snow bends the bough.

原文中的"依依"和"霏霏"都是找不到对等词的，英国译者理雅各把"依依"说成是"清新"而"青翠"，根本没有传达原诗"依依不舍"的意思，只能勉强说是用了"浅化"法；中国译者说杨柳流泪了，倒是具体地写出了战士不忍离家之情，可以算是"深化"法。至于"霏霏"，有人译成 The snow falls fast（雪下得大），可以算是"浅化"；英译者说雪如云坠，可以算是"等化"，但是达意而没有传情；中国译者说雪压弯了树枝，把战士离家时依依不舍的柳树比作回家时被大雪压弯了的树枝，象征被战争压弯了腰的战士，可以算是"深化"。因此，英国译者理雅各用的对等译法，最多只能达原文之意，但却不能传原文之情，远不如中国译者的"优化"法。而庞德用的翻译法，有时虽能传情，但达意又不确切。关于庞德的翻译理论，《当代西方翻译理论探索》第28页上说："他的翻译理论建立在语言能量（energy in language）这一概念基础之上。在庞德看来，写在字里行间的语言和具体的细节……是作者刻意塑造的意象（image）。他把译者看成艺术家"。第30页上又说："庞德罗列了语言获取能量的种种方式。这些方式包括：1）音韵（melopoeia）；2）形象（phanopoiea）；3）思想（logopoiea），其中包括词语'直接的含义'和在具体语境中的含义……庞德说：音韵性质难以翻译……视觉性质可以翻译，而思想性质则几乎不能翻译，或者不能'照译'……"在我看来，庞德的"能量"理论可以和中国翻译学派的"三美"理论比较：音韵、形象、思想三种方式可以和音美、形美、意美相比。庞德说三种方式（或性质）难以翻译，是说难以做到音似、形似和意似，但中国学派却认为"三美"在某种程度上是可以做到的。如上面提到的"依依"和"霏霏"的译法·"依依"不能译得音似，但用韵here & near 可以传达原诗的音美；不能翻译"依依不舍"的形象，但可以用流泪的形象来传达难舍难分之情；不能传达"雨雪霏霏"的思想之深，但可以用大雪压弯了树枝来象征战士给战争压弯了腰肢的痛苦之情。由此可见中国翻译学派的"三美论"高于西方艺术学派的"能量说",正如中国学派的"三化论"(等化、浅化、深化)高于西方科学翻译派的"对等论"一样。而"对等论"和"能量论"可以说是西方科学翻译派和艺术翻译派的理论代表。

科学翻译派和艺术翻译派的分歧(前者重在求"真",后者重在求"美"),不但是在西方,就在中国也有。早在两千五百年前,老子《道德经》第八十一章中就说:"信言不美,美言不信"。"信"就是求真。"信言"和"美言"的矛盾,应用到翻译上来,就是求真和求美的矛盾,或"信"和"雅"(包括"达")的矛盾。老子《道德经》第一章说:"道可道,非常道;名可名,非常名。"第一个"道"字是"道理"、"真理"的意思,第二个"道"是"说道"或"知道",第三个"常道"就是大家常常说到的道理或真理。前六个字的意思是说:"真"是可以知道的,但大家常说是真的东西,并不一定是真的。这就是说,客观真理和人主观所知道的真理并不常常是统一的,人们主观以为是真理的,并不一定是客观真理。应用到翻译上来,尤其是文学翻译上,因为翻译求的"真"不能脱离人的主观认识,所以不可能是客观的"真"。"名可名,非常名"更说明了"名"和"实"的矛盾,意思是说:实物是可以有名称的,但名称并不等于实物。应用到翻译上来,就是说文字是可以翻译的,但译文并不等于原文。因为翻译不是客观的科学,不可能做到完全对等。这就否定了西方科学翻译派的"对等论"。否定"对等论"并不是否定求真,而是在求真时,要用最好的表达方式,这就是求美,也可以说是"优化论",但"优化"并不失真。这就是中国翻译学派和美国翻译艺术派的差别。美国的庞德在求美时却失真了。例如他在《论语》翻译中把"忠"译成 get to the middle of the mind, then stick to your word，表示"尽心曰忠"，把"信"译成 man standing by his word（人站在他的话旁边），表示"言而有信"。尽管"忠"字是"中"和"心"二字合成的，表示只要把心放在正中，就会忠于所做的事，"中心"二字形象具体，有形象美，但二字合在一起并没有"忠"的意思，这就是失真了。尽管"信"字是"人"和"言"二字合成的，表示说话算数，形象生动优美，但"信"不限于说话算数，译文并不确切，又失真了。因为一个字的整体并不等于部分的总和，所以庞德得之于美，失之于真。中国译者是如何求美而不失真的呢？毛泽东《昆仑》词要把昆仑山分为三截："一截遗欧，一截赠美，一截还东国"。美国诗人 Engle 把三个"一截"对等译成 part，真而不美；中国译者译成 the crest（山峰），the breast（山腰），the rest（山脚），那就得形象之美而不失真了。

有不少翻译理论家认为中国学派的译论（主要是文学翻译理论）缺少科学性、系统性。这首先要看科学的定义。什么是科学？科学是不依人的主观意志为转移，并有实践证明的知识，如自然科学。至于"社会科学"呢？因为或多或少要依人的主观意志而转移，所以不能算是严格的科学，应该改称为社会学科。英文的 science 一词包括"科学"和"学术"两个意思在内。但是科学性应该是指"不依人的主观意志为转移"而言。如果按照严格的"科学"定义来说，那翻译（尤其是文学翻译）不能算是科学，当然是缺少科学性。不但是中国翻译学派的理论，就是西方科学翻译派的理论也缺少科学性。西方自两千年前的西塞罗（Cicero，前106—前43）到后来的庞德，都认为翻译是艺术；奈达先说翻译是科学，后来又说既是科学又是艺术，但他拿不出实例来作证明。中国翻译学派却和西方艺术翻译学派一样，认为翻译（主要是文学翻译）是艺术，并且有大量中外互译的实例可以证明，如本文所举的译例；而西方科学翻泽派却拿不出一本中外互译的例证（中文和英文是今天世界上使用得最多的语文，所以中英互译是世界上最重要的翻译），于是有人又说：翻译不是科学，翻译研究却是科学。这又是荒谬的言论。因为翻译（文学翻译）和图画、音乐一样，都是学术（包括艺术）。对艺术的研究都不能和人的主观意志无关，怎么可能成为科学？只能成为学术泡沫了。

以上谈的是科学性，至于系统性呢，哲学和社会学科有四论：本体论、认识论、方法论、目的论。翻译学的本体论研究翻译学是什么，认识论研究翻译是什么，两论都研究什么（What? What is translation? What is translatology?）。方法论研究翻译的方法，怎么翻译（How? How to translate?）。目的论研究翻译的目的，为什么而翻译（Why? Why is translation done?）。对这四个问题，中国翻译学派都做出了自己的回答。翻译学是什么？根据中国哲学的"矛盾论"，可以把问题具体化为：翻译学主要解决什么问题？解决什么矛盾？中国学派的回答是：翻译学主要解决求真与求美的矛盾。用老子的话来说，就是解决"信"与"美"的矛盾；用孔子的话来说，是解决"文"与"质"的矛盾（子曰："质胜文则野，文胜质则史。"用今天的话来说，"质"指内容，"文"指形式，"野"指"粗野"，"史"指"死板"，内容重"信"，形式重"美"。）；用严复的话来说是"信达雅"（即真善美）的问题。总之，翻译学主要解决求真与求美的矛盾。第二个问题：翻译是什么？中国和西方一样有两派：直译派回答是科学，意译派回答是艺术。根据中国哲学的"实践论"，检验理论的唯一标准是社会实践。用实践来检验理论，则艺术派的译者出版了几十本得到国内外好评的互译作品，直译派却提不出一本中西互译的世界名著。因此，艺术翻译派得到了胜利。第三个问题是怎么翻译？西方译者提出了对等论，中国译者提出了优化论，优化包括等化、浅化、深化这"三化"，对等可以包括在等化内，因此中国学派方法论比西方学派内容丰富，这点上面已经举例说明了。至于第四个问题目的论呢，西方翻译理论家纽马克（Newmark）说，"说翻译是有目的的行为，只是常识问题，没有什么新意，也没有必要小题大做，搞出一套翻译理论来。"（转引自张南峰：《中西译学批评》，第120页）但中国学派的目的论者提出了具体的"三之论"，很有新意，并能解决问题。理论的根据是孔子的话："知之者不如好之者，好之者不如乐之者"。"知之"就是理解，使读者理解是翻译的第一个目的，也是翻译的最低要求；"好之"，就是喜欢，使读者喜欢是翻译的第二个目的，也是中级要求；"乐之"就是愉快，使读者愉快是翻译的第三个目的，也是翻译的尤其是文学翻译的高级要求。自然，"乐之"并不限于"愉快"，而是表示"感动"，是内心幸福感的外化，是中国几千年文明凝练而成的人生哲学（和西方基督教的"原罪感"不同）。"知之"求"真"，"好之"求"善"，"乐之"求"美"。"真"是最低要求，因为它是客观需要；"善"是中级要求，因为它一半是主观需要，一半是客观需要；只有"美"是主观精神的追求，而人为万物之灵，所以人的精神追求是最高境界。所以"三之论"提出知之、好之、乐之三部曲，体现了中国翻译哲学追求真善美的理想，远远高于西方各派的翻译理论，怎能说没有系统性呢？西方翻译理论家除庞德和奈达外，纽马克也算一个。《当代西方翻译理论探索》第123页上说：他提出的"语义/交际翻译理论受到翻译界的高度评价"，第129页上说："文本的语言越是重要，翻译越是要贴近（close）"。可见，他的译论并没有超越"对等论"。因此结论是：西方译论不如中国译论。

（原载《外语与翻译》2010 年第 2 期）

和钱锺书先生谈文学翻译

值得回忆的事是生活中的诗。

——威廉·赫兹利特[1]

锺书先生仙逝多年了，回忆七十多年前，我第一次见到他的时候，是在山清水秀、四季常绿的春城昆明。在见到他之前，我早已听到不少关于他的传闻。

据法国诗人雨果说：传闻的真实性并不在历史之下[2]；而美国哲学家山塔亚那则说：诗意盎然的神话传说使人更能忍受散文般平淡无奇的生活[3]。关于锺书先生的故事，早已传遍清华、联大，说他考清华时，国文、英文都得了最高分，数学却不及格，是破格录取的；入学后他上课时五官并用，一面听讲，一面读课外书，结果考试成绩总是全班第一。因为课堂上讲到的书，他多半已经在课外读过，并且说要读遍清华图书馆的藏书。据说教他英文的叶公超先生对他说："你不该来清华，而应该去牛津。"在出国留学考试前，很多外文系毕业生听说他报了名，都不敢参加考试了，结果

---

1 All that is worth remembering in life is the poetry of it. —W. Hazlitt

2 Le genre humain... a deux aspects: l'aspect historique et l'aspect légendaire. Le second n'est pas moins vrai que le premier. —V. Hugo

3 The poetry of myth helps men to bear the prose of life. —G. Santayana

他就是去了牛津。这样一个超群出众的奇才，而告诉我这些故事的同学，又是联大工学院博闻强记的状元张燮。工学院有一门最难考的功课，考试时全班有一半同学不及格，张燮却只用了一半时间就交头卷，而且成绩是100分。这样一个天才学生口中说出的天才老师，怎不叫人觉得是奇中之奇！

1939年钱先生给我们上大一英文课，他给我的第一个印象是：讲课言简意赅，深入浅出，妙语如珠。如他解释怀疑主义时说：一切都是问号，没有句点。（Everything is a question mark; nothing is a full stop.）用具体的标点符号来解释抽象的怀疑主义，而且问号和句点对称。everything 和 nothing 又是相反相成，使学生既得到了内容之真，又感到了形式之美，真是以少胜多，一举两得。物理系同学杨振宁先在钱先生这一班，后来调到叶公超先生那一组，叶先生讲到赛珍珠《荒凉的春天》那一课时，杨振宁发现有一个动词的过去分词不表示被动，认为这是异常现象，就提出了问题。这多少体现了钱先生讲的怀疑主义精神。而我自己在解释"博"和"精"的时候，用了 to know something about everything and everything about something，更是学了钱先生用 everything 和 nothing 的解释方法。

钱先生在讲《一对啄木鸟》的科学故事时，用拟人化和戏剧化的方法，模仿啄木鸟的声音动作，把一个平淡无奇的科学故事，变成了有声有色的艺术，使散文有了诗意。不单是在讲课，就是在写文章或做翻译时，也是一样。出名的例子是在翻译《毛泽东选集》时，金岳霖先生译到"吃一堑，长一智"这个成语，不知如何翻译好，就来问他。他却不假思索，脱口而出译成：A fall into the pit, a gain in your wit.

原文只有对仗，具有形美；译文却不但有对仗，还押了韵，不但有形美，还有音美，使散文有诗意了，真是妙译！这点对我影响不小。后来我译《毛泽东诗词》译到《井冈山》时，下半阕是"早已森严壁垒，更加众志成城。黄洋界上炮声隆，报道敌军宵遁。"我看到中外的译文，都是散文味重，诗意不浓。就模仿钱先生"吃一堑，长一智"的译法，用双声叠韵来表达诗词的音美：

> Our ranks as firm as rock,
>
> Our wills form a new wall.
>
> The cannon roared on Yellow Block:
>
> The foe fled at night-fall.

译文把"森严壁垒"译成"我们的队伍像岩石一般坚强"，用岩石（rock）的具体形象来译"壁垒"，传达原词的意美，并且和"队伍"（ranks）押了头韵，好传达原词的音美。"众志成城"译成"我们的意志合成了新的长城"，意志（wills）和长城（wall）押了头韵，"合成"（forms）和第一行的"坚强"（firm）也是头韵，"更加"译成"新的"，第二行和第一行对称，传达了原词的形美。这样就用钱先生"吃一堑"的译法，来传达原词的"三美"了。但是第三行的"黄洋界"译成"黄色的界石"，有人认为不忠实，怎么办呢？我就写信向钱先生求教。1976年3月29日，钱先生回了我一封英文信，非常重要，现把我日记中记录的译文摘抄如下：

钱先生这封英文信用词巧妙，比喻生动，引经据典，博古通今，显示了他的风格。他称我为"许君"，内容大意是说：谢谢你给我看成就很高的译文，我刚读完。你戴着音韵和节奏的镣铐跳舞，灵活自如，令人惊奇。你对译诗的看法很中肯。但你当然知道罗伯特·弗洛斯特不容分说地给诗下的定义："诗是在翻译中失掉的东西"，我倒倾向于同意他的看法。无色玻璃般的翻译会得罪诗，而有色玻璃般的翻译又会得罪译。我进退两难，承认失败，只好把这看做是两害相权择其轻的问题。根据我随意阅读五六种文字的经验，翻译出来的诗很可能不是歪诗就是坏诗。但这并不是否认译诗本身很好。正如本特莱老兄说的："蒲伯先生译的荷马很美，但不能说这是荷马的诗。"

读了钱先生的信，我觉得他告诉我的是：你在翻译中失掉了一些东西，你为了不得罪诗而得罪了翻译，你译的诗不错，但不能说是毛泽东的词。

我看钱先生和我的矛盾，是求真和求美的问题。翻译要求忠实，重在求真；译诗要求传情达意，重在求美。无色玻璃般的翻译求的是"真"，有色玻璃般的翻译求的是"美"，如何解决这个矛盾呢？钱先生认为这是一个两难的问题。他采取消极的办法，就是不求有功，但求无过。我记得朱光潜先生在《诗论》中说过："'从心所欲，不逾矩'是一切艺术的成熟境界。"我觉得也是译诗的成熟境界。"不逾矩"是消极的，说是不能违反客观规律，求的是"真"；"从心所欲"是积极的，说要发挥主观能动性，求的是"美"。结合起来就是说：在不违反"求真"的条件下，尽量"求美"。贝多芬甚至说过：为了更美，没有什么清规戒律不可打破。如果说我译的《井冈山》是有色玻璃般的翻译，失掉了一些东西，不能算是毛泽东的词，那么，其他中外翻译家译的《井冈山》有没有无色玻璃般的翻译？是不是也失掉了一些东西？能不能算毛泽东的诗词呢？下面就举"早已森严壁垒"的两种译文为例：

1. Already our defence is iron-clad (Boyd & Yang)
2. No one cracks through our forest of wall (Engle)

第一种译文还原大致是说：我们的防御已经是铜墙铁壁。比起原文的"森严壁垒"来，"防御工事"太散文化，"铜墙铁壁"又太形象化。第二种译文说：没有一个人能冲破我们森林般的壁垒。森严的形象译出来了，但是"无人冲破"又嫌加字太多。没有一种译文能像无色玻璃，所以我认为译者只能在不违反求真的原则下，尽量求美。这个问题钱先生约我面谈过一次，结果是仁者见仁，智者见智。但从他译"吃一堑，长一智"的实践看来，他的译文是既真又美的。

1980年香港商务印书馆约我英译《苏东坡诗词选》，我阅读了钱先生的《宋诗选注》，读到钱先生评说苏轼《百步洪》第一首里写水波冲泻的一段："'有如兔走鹰隼落，骏马下注千丈坡。断弦离柱箭离手，飞电过隙珠翻荷'，四句里七种形象，错综利落……"我译成英文时，却把这七种形象译成是"写'轻舟'的"，是不是有误？就写信去问钱先生，6月14日得到他的回信说："苏诗英译，壮举盛事。……《百步洪》四句乃写'轻舟'，而主要在衬出水波之急泻，因'轻舟'亦可如《赤壁赋》谓'纵一苇之所如，凌万顷之茫然'，'放一叶之扁舟'……"钱先生同意七种形象是"写轻舟"，这是求真；但他认为"主要在衬出水波之急泻"，我觉得这又是求美，并且是"主要的"。因此，我看钱先生不但是在实践上，就是在理论上也不反对译诗要求既真且美，"从心所欲，不逾矩"。于是译苏诗时，我就还是把求真（不逾矩）作为消极要求，而把求美（从心所欲）作为积极标准。

例如苏东坡最著名的西湖诗："水光潋滟晴方好，山色空濛雨亦奇。欲把西湖比西子，淡妆浓抹总相宜。"如要求真，"潋滟"和"空濛"很难翻译，所以只好求美，翻译如下：

The brimming waves delight the eyes on sunny days;

The dimming hills present rare view in rainy haze.

West Lake may be compared to Beauty of the West,

Whether she is richly adorned or plainly dressed.

钱先生的《苏诗选注》中没有词的解释。《苏东坡诗词选》的注解是："潋滟，水满的样子。""空濛，形容雨中山色。"连中文解释都不容易恰到好处，更不用说翻译成英文了。但若求美，却可以发挥主观能动性，说天气晴朗，波光水色，赏心悦目。在蒙蒙细雨中，阴沉沉的山色也会透露出奇光异彩。最后两行如要求真可以译成：

If you want to compare West Lake to Western Beauty,

Both plain dress and rich adornment become her.

　　这样的译文，钱先生会说是"壮举盛事"吗？其实，严格说来，这种译文不但不美，也不能说是真或忠实。因为原诗具有意美、音美、形美，如果译文只是达意，没有传达原诗的音韵之美、格调之美，怎么能算是忠于原作呢？因为原诗是既真又美的，译文不美，就不能说是真或忠实，因为它不忠于原作的音韵和格调。

　　苏诗之后，香港商务印书馆又约我译《唐宋词一百首》。读到李清照的《小重山》时，发现有几句不好懂："春到长门春草青，红梅些子破，未开匀。碧云笼碾玉成尘，留晓梦，惊破一瓯春。"注解中说："碧云"指茶叶。我想，是不是指清照早晨饮茶，"至茶倾覆怀中，反不得饮而起"呢？没有把握，又写信请教钱先生了。11月25日得到他的回信，摘抄如下：

　　　　我昨夜自东京归，于案头积函中见尊书，急抢先作复，以免误译书期限。李清照词乃倒装句，"惊破"指"晓梦"言，非茶倾也。谓晨尚倦卧有余梦，而婢已以"碾成"之新茶烹进"一瓯"，遂惊破残睡矣。

　　钱先生的信使我恍然大悟，于是翻译如后：

When grass grows green, spring comes to lonely
　　room,

Mume blossoms bursting into partial bloom

From deep red to light shade.

Green cloudlike tea leaves ground into powder of

    jade

With boiling water poured in vernal cup

From morning dream have woke me up.

译文还原大致是说：春草青青，春天来到了寂静的闺房；红梅已经初开，颜色有深有浅，不太均匀。碧云般的茶叶碾成了一笼玉屑，用开水一泡，倒入泡春茶用的茶杯之中，把我从早晨的春梦中惊醒过来了。原文中的"长门"是指"冷宫"，汉武帝把皇后阿娇贬入长门宫，从字面上讲是冷宫，实际上是说丈夫离家在外，清照一人独守闺房，冷静寂寞，只有梦中能见丈夫，偏偏好梦又给早茶惊醒了。所以译文不能译字求真，而要译意，才能既求真又求美。

宋词之后，香港商务印书馆再约我译《唐诗三百首》，北京大学出版社约译《唐宋词一百五十首》，碰到了双关语的难题。如刘禹锡的"道是无晴（情）却有晴"，李商隐的"春蚕到死丝（思）方尽"。如何两全其美，而不顾此失彼？我先译刘禹锡的《竹枝词》："杨柳青青江水平，闻郎江上唱歌声。东边日出西边雨，道是无晴却有晴。"

Between the willows green the river flows along;

My gallant in a boat is heard to sing a song.

The west is veiled in rain and the east basks in

    sunshine;

My gallant is as deep in love as the day is fine.

最后两句还原是说：西边笼罩在阴雨中，而东边沐浴在阳光下。情郎对我的情意就像天的晴意一样（你说天晴吧，西边在下雨；你说天雨吧，东边又天晴。情郎对我也是半心半意，就像天气是半晴半雨一样）。我把译文寄给钱先生，征求他的意见。他回信说：

……"veiled"、"basks"似乎把原句太 fleshed out，"as…as"似未达原句的 paradox，但原句确乎无法译，只好 belle infidèle 而已。

回信用的英文和法文都很巧妙。他说我译文中的"笼罩"和"沐浴"两个词有骨有肉，形象太具体了，说"情意"和"晴意"一样，也没有传达原文似是而非、似非而是的说法。双关语的确不能翻译，所以只好做个不忠实的美人了。钱先生这里引用了西方的俏皮话：说忠实的妻子往往不美丽，美丽的妻子往往不忠实。这和老子说的"信言不美，美言不信"有相通之处，不过西方的说法更有血有肉，更具体而已。

怎么能使"美人"更"忠实"呢？我试把三、四句修改如下：

In the west we have rain and in the east sunshine
Is he in love with me? Ask if the day is fine.

最后一句问道：情郎对我是否有情？那就要问天是不是晴了。天晴就人有情，天不晴就人无情；天半晴半雨，人也就是半心半意。这个译文有没有解决信和美的矛盾呢？我看不一定比原译更好。

钱先生给我们讲过英国评论家阿诺德的《经典怎么成为经典？》，说经典并不一定受到多数人欢迎，而只得到少数知音热爱。我就来看经典中的说法。《论语》有一句名言："知之者不如好之者，好之者不如乐之者。"这就是说：知道不如爱好，爱好不如乐趣。应用到翻译上来，就成了翻译评论的三部曲：第一步，问译文能不能使人知道原文说了什么，这是低标准；第二步，问读者喜欢译文吗？这是中标准；第三步，问译文能使人感到乐趣吗？这是高标准。两种译文都能使人知之，哪一种能使人好之或乐之呢？爱好和乐趣是个主观的问题，不是客观的科学真理，各人的答案可能不同。王国维说过：诗中一切景语都是情语。原译用"笼罩"来写雨景，用"沐浴"来写晴景，传达了诗人爱恶的感情，景语也是情语。读后使我能够自得其乐，所以我看还是原译比新译好。

北京大学出版社约译法文本《中国古诗词三百首》，其中有李商隐《无题》中"春蚕到死丝（思）方尽"这句双关语，我的英译文是：

The silkworm till its death spins silk from love-sick heart.

译文把"丝"译成 silk，又把谐音的"相思"译成 lovesick，而 silk 和 sick 既是双声，又是叠韵，颇为巧妙。

但是法文能不能译得一样巧呢？于是我又写信去问钱先生，得到他的回信如下：

> 李商隐句着眼在"到"与"方"，其意译成散文为：
> Le ver ne cesse d'éffiler la soie qu'à la mort. 韵文有节律，
> 需弟大笔自推敲耳。

经推敲后，我把"相思"译成 soif d'amour（渴望爱情），全句译为：

Le ver meurt de soif d'amour, sa soie épuisée.

这样，soif 和 soie（丝）也是双声叠韵，全句是说：蚕丝吐尽，就相思而死了。虽把散文"诗化"，但为什么会相思而死？并没有说明白。不过，译诗不是说理，而是传情，景语成了情语，也就差强人意了。

四川出版了我《李白诗选》的英译本，我寄了一本给钱先生，得到他的回信，他对我开玩笑说："顷奉惠寄尊译青莲诗选，甚感。太白能通夷语，明人小说中敷陈其'醉写吓蛮书'，惜其尚未及解红毛鬼子语文，不然，与君苟并世，必莫逆于心耳。"明人小说《今古奇观》中有一个故事，说有一个蛮夷之邦用夷语来信挑衅，满朝文武都看不懂，只有李白生在西域，就用夷语回了一信，才把番邦吓退。钱先生说，可惜李白不懂英文，若在今天，定会和我无话不谈的。说来也巧，20世纪90年代德国交响乐团来京演出《大地之歌》，第三乐章是根据李白的诗改写的，但是听众不知道是哪一首。诗中出现了"玉虎"字样,记得钱先生讲过,西方诗人喜欢中国象形文字,如日月为"明",女子(男女)为"好",我就想到"玉虎"是不是"琥"呢?李白诗中提到"琥珀"的,有《客中作》,于是我就推断是《客中作》了,也许解决了一个难题。

　　总而言之,钱先生对我们这代人的影响很大,指引了我们前进的道路。他在联大只有一年,外文系四年级的王佐良学他,去英国牛津读了文学士学位;杨周翰跟踪,学了比较文学,成了国际比较文学会副会长;李赋宁听了他的文学理论,主编了《英国文学史》;许国璋学他写文章,讲究用词,出版了畅销全国的英语读本;三年级的周珏良做过外交部翻译室主任;查良铮(穆旦)翻译了拜伦和雪莱的诗集;二年级的吴纳孙(鹿桥)在美国华盛顿大学任教,出版了回忆联大的《未央歌》;一年级的我出版了唐诗宋词的英法译本;还有工学院的状元张燮,理学院的状元杨振宁……钱先生考试时要我们写作文,论"世界的历史是模式的竞赛"。我看联大的历史也可说是人才的竞起,不少人才受过钱先生的教诲,是他在茫茫大地上留下的绿色踪迹。

　　　　　　　　(原载《钱锺书先生百年诞辰纪念文集》)

中国诗只有中国人才能译好

徐志摩说过："中国诗其实只有中国人才能译好"。为什么这样说？因为中国文字和西方各国文字差别太大，西方人很难理解中国诗词；即使理解了，要用外国文字表达也不容易，因为西方拼音文字只有意美和音美，中国象形文字却不但有意美、音美，而且还有形美。要用只有"二美"的西方文字来翻译具有"三美"的中国诗词，做到达意已经很不容易，再要传情更是难上加难了。例如王维的《观猎》，有美国哈佛大学 Stephen Owen（中文名：宇文所安）教授的英译，现抄录如下：

风劲角弓鸣，

　　The wind is strong, the horn-bow sings,

将军猎渭城。

　　The general is hunting east of Wei City.

草枯鹰眼疾，

　　The plants are sere, the hawk's eye keen,

雪尽马蹄轻。

　　Snow is gone, horses' hooves move easily.

忽过新丰市，

　　Suddenly they are past Xinfeng Market,

还归细柳营。

Then back to Thin-Willow Camp.

回看射雕处，

Turn and look where the eagle was shot—

千里暮云平。

A thousand leagues of evening clouds flat.

　　这是一首写狩猎的五言律诗，短短四十个字，却写得激情洋溢，豪性遄飞。一开始先写狩猎的背景：大风劲吹，写出了狩猎人气吞山河、壮志凌云的气概；接着写狩猎人用角装饰的硬弓来射箭，一个"鸣"字先声夺人，写出了狩猎人弯弓射箭的响声压倒了劲吹的大风的声音。这就未见其人，先闻其声，为第二句将军的出场做了有声有色、有力的铺垫。但看译文，用了一个 sing（唱歌），力量就嫌不够。原诗两行有韵，富有音美；译文用了 city（城市），意思虽然不错，但是无韵，并且重音在前，缺少音美，就远不能表达原诗的力量了。第一联写了猎人的弓，第二联就来写猎鹰和猎骑（骏马），正如第一句借劲风来衬托弓声一样，第三句借枯草来写鹰，第四句借残雪来写马，但妙的是不说鹰眼在枯草中更容易发现猎物，而用了一"疾"（快）字，这就加强了狩猎的动感；而写快马却又不用"快"字，反说"马蹄轻"，一个"轻"字又使动作永恒化，化动为静了。这些妙处在译文中都没有体现，正好相反，第三句译出了"眼明"而没有"手快"，第四句却只说"容易行动"，更没有译出狩猎的声势。第五、六句："忽过新丰市，还归细柳营。"一个"忽"字，后面跟了两个地名，说明忽然一下不只是经过了新丰市，还跑了七十多里，回到了细柳营，可见其快。而美国教授译字不译句，"忽"字就用得没有多大意义了。最后两句写将军狩猎归来："回看射雕处，千里暮云平。"回头一看，原来射雕的地方，已经没有大风劲吹，只见万里晴空，平铺着暮云晚霞，这写的是景，抒的是情。劲风是写狩猎的豪情，暮云却是写猎后平静的心情。但译文说 turn and look，就有景无情了。

翻译中国诗词需要传情达意，达意是低标准，传情是高标准。

哈佛教授的译文没有传情，达意也嫌不足。中国人是如何翻译这首诗的呢？我们看看《大中华文库·唐诗三百首》中的英译：

> Louder than gusty winds twang horn-backed bows,
>
> Hunting outside the town the general goes.
>
> Keener o'er withered grass his falcon's eye,
>
> Lighter on melted snow his steed trots by.
>
> No sooner is New Harvest Market passed,
>
> Than he comes back to Willow Camp at last.
>
> He looks back where the vulture was shot down,
>
> Only to find cloud on cloud spread on and on.

第一句的"弓鸣"用了 twang（"铛"的一声）这个形声词，就比美国人的译文响亮多了，再加上句首的 louder（更加响亮），说万箭齐发的响声压倒了大风劲吹的呼呼声，这就借景写情，用劲风来衬托猎人的豪情壮志，使得诗句情景交融，不但写了狩猎之景，而且抒发了猎人豪迈的心情，使得情和景的联系更加密切了。第三句中"鹰眼疾"的"疾"字，两种译文都用了 keen（锐利，敏锐），但中国译文用了比较级的形容词 keener，就使形容词有了动感，说鹰眼在枯草中发现猎物更加敏捷，这又是以景衬情，用枯草来衬托鹰眼的锐利；而美国译文却是草枯和眼疾并列，仿佛两者之间没有什么联系似的。第四句也是一样，美译"雪尽"和"马蹄轻"也是并列，关系不够密切；而中译用了比较级形容词，却增加了情景的联系。一个"疾"字几乎是全诗的关键词。这一点尤其体现在第五句的"忽"字上。"忽"并不是忽然发现，而是忽然从一个地方到了另一个地方。美译用 suddenly 正是前者，而中译用 no sooner...than 却是后者，仿佛才过新丰市，忽然一下就到了细柳营似的。第七句"回看射雕处"的主语应该是将军，美国译文却用了 turn and look，似乎任何人回头一看都行，这就使景和情脱离了关系，完全没有借景写情的意思；而中国译文说将军回头远望，不闻大风劲吹，不见乱云飞渡，只有暮云平铺的万里长空，这是中国古代象征主义的写法，用劲风来象征狩猎的豪情，用暮云来象征猎后平静的心绪。整首诗融情于景，是中国评论家赞美的"意在言外"的写法，也和美国诗人 Robert Frost 说的"诗说一指二"，有相通之处。中国诗人余光中说过，翻译家应该是学者、作家和译者的三结合，否则，不容易译出上品。

不但是不容易译出上品，并且很容易犯错误。最近读到2014年6月11日《中华读书报》《国际文化》版有一篇《叶嘉莹的诗学及其贡献》，文中说到哈佛大学海陶玮教授（James R. Hightower）每年请叶嘉莹教授"到哈佛两个月，多年不断"。1968年嘉莹先生如约回台湾执教，海教授坚留未果，嘉莹先生赋诗辞别，有云"吝情忽共伤去留，论学曾同辩古今"，海教授译此联为：

Reluctant or impatient, stay or leave, someone's hurt;
We have studied together, debated past and present.

第一行译文的意思是：无论是舍不得还是很着急，无论是去是留，总有人很难受。第二行是说：我们曾经一同讨论，研究过去和现在的问题。分析一下，第一行的 impatient（不耐烦，着急）用得有问题，因为原诗的意思是：无论是去或留的人都不愿分离，都不急于分离的，因此用词不当。可以考虑修改如下：

We're grieved at heart to part at last
For we have studied present and past

这个例子也可说明中国诗只有中国人才能译好。

不只是哈佛大学，其他大学甚至中美夫妇合译，也不一定能够译好。如 Ohio 大学诗人 Paul Engle 夫妇翻译毛泽东《为女民兵题照》中"中华儿女多奇志，不爱红装爱武装。"如下：

China's girls, alive with highest hopes,
They like uniforms, not dresses.

alive 用得不错，但第二行就太平淡，没有译出原诗"不爱"与"爱"、"红装"与"武装"对称之美。而中国译本的译文如下：

The Chinese daughters have a desire strong
To face the powder and not to powder the face.

中国译本用了两个 face，一个是名词，当"面孔"讲，一个是动词，当"面对"讲；又用了两个 powder，一个是名词，当"火药"、"硝烟"讲，一个是动词，当"涂脂抹粉"讲。这样一来，"涂脂抹粉"和"面对硝烟"对称，就译出原诗的风格了。因为在原文的内容和形式有矛盾时，或译文的表达形式比原文形式更能表达原文内容时，译者就要发挥译语优势，用最好的译语表达方式。

2010年10月于北京大学
（原为《古韵新声》代序，2014 年增补）

《论语》译话

学而时习之，不亦说乎？

《论语》开篇第一句："学而时习之，不亦说乎？""学"就是取得知识，"习"就是付之实践，"说"字和"悦"字通用，就是喜悦愉快。整句的意思是：得到了知识，并且经常应用，那不是很愉快的吗？这句话说明了认识和实践的关系，说明了实践是得到知识的方法，愉快是得到知识的结果，也可以说是目的。一句话中包含了知识的认识论、方法论和目的论，真是内容丰富，言简意赅。这句话是不是放之四海而皆准呢？那我们就来看看外国人是如何翻译的吧。英国人理雅各（Legge）和韦利（Waley）的译文分别是：

（1）Is it not pleasant to learn with a constant perseverance and application? (Legge)

（2）To learn and at due times to repeat what one has learnt, is that not after all a pleasure? (Waley)

两位译者都把"学"译成 learn，据《牛津辞典》对 learn 的解释是 gain knowledge or skill（得到知识或技术）。但《论语》中要学习的，主要是知识，而不是技术。中国儒家重学术，轻技术，这是中国古代科学技术不发达的原因之一。所以《论语》中的"学"主要指知识而不指技术，译成英文用 learn 不如用 gain or acquire knowledge（得到知识）更加恰当。其次，Legge 把"时习之"译成 with a constant perseverance and application（经常坚持不懈地努力应用），"习"字理解为"应用"不错，"时"字解释为"经常"已经够了，再加"坚持不懈地努力"似乎过分强调。Waley 把"时习之"译成 to repeat at due times（在恰当的时候复习），把"习"理解为简单机械的活动，力量似乎又显得不够。最后一个"说（悦）"字，Legge 用了一个形容词pleasant，而 Waley 用了名词 pleasure，这两个词都和动词please（喜欢，高兴）同根，平淡无奇，显不出精神上的乐趣来。因此，全句可以考虑改译如下：

Is it not delightful to acquire knowledge and put it
into practice from time to time?

根据我个人的经验，这句话与我一生的成就关系很大。简单说来，我这一生就是不断取得知识、不断实践、不断得到乐趣的一生。我的成就，主要是出版了一百二十部中文、英文、法文的文学著译。这在全世界五千年的文明史上，似乎还没有第二个，而取得这些成就的方法，就是"学而时习之"。我学翻译，先学严复的"信达雅"，再学鲁迅的"信顺"，又学郭沫若的"越雅越好"。究竟谁是谁非？到底要不要雅？这就要看实践了。实践鲁迅理论的翻译家有董秋斯。他的代表译作是 Dickens 的 *David Copperfield*（狄更斯的《大卫·科波菲尔》），第一章谈到大卫出生时说：It was remarked that the clock began to strike, and I began to cry, simultaneously.

董秋斯的译文是：据说，钟开始敲，我开始哭，两者同时。

接近严复理论的翻译家有张谷若。他对大卫出生的译文是：据说那一会儿，铛铛的钟声，和呱呱的啼声，恰好同时并作。

比较一下两种译文，董译虽然字字接近原文，但原文抑扬顿挫，从容不迫，听来悦耳；译文却短促生硬，恨不得赶快敷衍了事似的。张译相反，加了"铛铛"和"呱呱"两对形声词，使人如闻其声，如见大卫出生。音美取代了原文重复的形美，又增加了意美，比董译更悦耳，又悦目，可以说是胜过了董译。但是最后六字，虽比董译稍好，但像算账似的没有文学意味，应该算是败笔。这是学习的结果。能不能取长补短，吸收张译的好处，弥补他的缺陷呢？那就要看实践了。我实践的结果是下面的译文：据说钟声当当一响，不早不晚，我就呱呱坠地了。

新译用双否定的方法，把"两者同时"改成"不早不晚"，符合白话文学的口气，觉得是把"两者同时"和"恰好同时并作"优化了。从理论上看来，"信达雅"和"信顺"似乎都不如"信达优"。译后译者有点自得其乐，这就是"学而时习之，不亦说乎？"

"信达优"的原则，不但可以应用于英译中，也可以应用于中译英。如毛泽东词《昆仑》中说："而今我谓昆仑：不要这高，不要这多雪。安得倚天抽宝剑，把汝裁为三截？

一截遗欧，一截赠美，一截还东国。太平世界，环球同此凉热。"中间三行有美国诗人 Paul Engle 夫妇和 Barnstone 的两种译文：

> （1）Give one piece to Europe, send one piece to America, return one piece to Asia. (Engle)
>
> （2）I would send one to Europe, one to America, and keep one part here in China. (Barnstone)

第一种译文把"一截"译成 piece，第二种译成 part，都可算是符合"信顺"的翻译，但能不能算"雅"呢? piece 太小，part 太俗，都看不出昆仑山崇高巍峨的形象，听不到"昆仑"叠韵的音美。我看可以优化如下：

> （3）I'd give to Europe your crest, / And to America your breast, / And leave in the Orient the rest.

新译把三个"一截"优化为 crest（顶部，山峰），breast（胸部，山腰），the rest（余部，山脚），不但可以使人看到高大的昆仑山，还可以使人听到三个[est]的声音，具有音美，这就可以算是达到了优雅的境界。如果能够得到登昆仑而小天下的乐趣那又是"学而时习之，不亦说乎"了。

有朋自远方来，不亦乐乎?

《论语》开篇第一句"学而时习之，不亦说乎"是谈治学之道、修身之法，谈一个人如何对自己的问题。那么第二句"有朋自远方来，不亦乐乎"，就是谈交友之道、处世之法，谈一个人如何对朋友、对他人的问题了。

这句话如何译成英文？我们就来看看理雅各和韦利的译文：

（1）Is it not pleasant to have friends coming from distant quarters? (Legge)

（2）That friends should come to one from afar, is this not after all delightful? (Waley)

关于"乐"字，理雅各像译"悦"字一样用了 pleasant，韦利却用了一个不同的 delightful。这两个词有什么分别呢？一般说来，前者指外表的欢乐，后者指内心的愉快。"学而时习之"是内心的愉快，不一定会表现出来，所以理雅各"悦"字译得不妥，"乐"字倒译对了，但是总的看来，他选词显得不够精确。韦利却是译颠倒了："不亦悦乎"表示内心的愉快，他用了形之于外的 pleasure；"不亦乐乎"形之于外，他却用了表示内心愉快的 delightful。至于"有朋自远方来"，理雅各把"有"字译成 have，把"远"译成 distant，把"方"译成 quarters，从对等的观点看来，似乎无可非议，但不如韦利的译文 afar 更加自然，更口语化。韦利还在两句中都加了 after all 一词，表示不在其位，似乎没有必要。我看可以参考两家译文，把这一句重译如下：

Is it not a pleasure to meet friends coming from afar?

这一句话是不是可以用于"修身、齐家、治国、平天下"呢？回顾中国历史和世界历史，可以说文化交流对人类的发展起了非常重要的作用。文化交流不就是"有朋自远方来"的结果吗？至于个人，杨振宁和我是大学时代的同学，我们多年不见，他远涉重洋，到北京大学来讲"美与物理学"。我说他的演讲沟通了科学和艺术，把真和美结合起来了。他用中国古诗"文章千古事，得失寸心知"和西方名诗"一粒沙中见世界"来描述科学家，不但沟通了中西文化，而且把古代和现代结合起来了。

关于中西文化，他还说过："中国的文化是向模糊、朦胧及总体的方向走，而西方的文化则是向准确而具体的方向走。"关于中西文字，他又说："中国的文字不够准确这一点，假如在写法律是一个缺点的话，写诗却是一个优点。"他还问我翻译了晏几道那首"自别后，忆相逢"的词没有，我说译了，送他的那本书里就有。他翻开书来一看，看到"舞低杨柳楼心月，歌尽桃花扇影风，"就说不对，他记得是"桃花扇底风"。我说有两个版本，哪个版本好呢？两个版本的第一句都一样，说歌舞通宵达旦，本来高照楼中心的月亮，已经落到杨柳梢头上，仿佛舍不得离开，要停留在柳梢头上多看一会儿似的。那第二句就有两种可能：一种说唱歌累得扇子都扇不动，连桃花扇底下都没有风了。这种解释显得准确，但桃花扇只能说是画在扇子上的桃花，不是实物，而第一句"杨柳楼"却不是楼名，而是环绕楼心的树木。这样一来，"桃花"和"杨柳"就不是对称的实物了。如果说"扇影"呢，那却可以把桃花理解为实物，月光把桃花的影子留在扇子上，留在风中，而歌舞通宵达旦，杨柳梢头的月亮已经落下，桃花在扇子上、在风中的影子都看不见了。可见夜已深了，天快亮了。两种说法，哪一种更模糊，更适宜于写诗，更能表达"自别后，忆相逢"的乐趣呢？

后来杨振宁为我的《逝水年华》英文本写序的时候说："久别重逢真是一件乐事。"这就说明了"有朋自远方来，不亦乐乎？"

人不知而不愠，不亦君子乎？

《学而》篇中接下来一句是"人不知而不愠，不亦君子乎？"我们来看他们是怎么翻的。

（1）Is he not a man of complete virtue, who feels no discomposure though men may take no note of him? (Legge)

（2）To remain unsoured even though one's merits are unrecognized by others, is that not after all what is expected of a gentleman? (Waley)

首先，理雅各把"人不知"译成 take no note of（没人注意）可以说是传达了原文的内容，而且比原文更具体。韦利的译文是 one's merits are unrecognized（一个人的价值没有得到承认），比理雅各的理解更深入，表达也更具体，由此可以看出西方译者的科学精神在不断发展。这正好说明了"学而时习之"的道理。"而不愠"呢？理雅各译成 feels no discomposure（面不改色），译得真好，不但达意，而且传神，画出了一个中国知识分子的面貌。韦利的译文 to remain unsoured（并无酸意，心情并不变坏），写出了知识分子的外貌和内心，但是不如理雅各的译文容易理解，两人各有千秋。至于"君子"，理雅各和韦利分别译成 a man of complete virtue（一个道德完美的人）和 a gentleman（绅士，上流人士）。理雅各对"君子"的要求未免太高。韦利的译文又会抹杀东方的士大夫和西方绅士的区别，所以这个词非常难译，往往顾此失彼。钱锺书先生创造了一个新词 intelligentleman，把 intelligent（智慧）和 gentleman 巧妙地结合起来了。我想用来翻译"君子"，也许可以填补这个缺陷。现将全句改译如下：

Is he not an intelligentleman, who is careless alike of being known or unknown?

前面杨振宁说了："中国的文化是向模糊、朦胧及总体的方向走，而西方的文化则是向准确而具体的方向走。""君子不愠"是比较模糊的说法，而道德完美和面不改色就比较具体了。新译把"人不知"说成"不管别人知道不知道"，把"不愠"说成"满不在乎"，把"君子"说成"知识界人士"，是不是恢复了原文本来的模糊面目呢？中国人的译文和英美人的译文不同，也说明了中国的文化思想和西方的科学精神的差异。中国提倡"人不知而不愠"，用韦利的话说，就是自己的价值没有得到承认，应该满不在乎，而不应该努力争取。在20世纪很长一段时期里，我们反对争取承认个人的价值，说那是争名夺利，于是有价值的人得不到承认，结果得到承认的多是没有价值的人，于是中国就落后了。

例如十多年前的某次法国文学名著《红与黑》译文的讨论会，会上批判了有价值的意译（如"这种粗活看来非常艰苦，头一回从瑞士翻山越岭到法国来的游客，见了不免大惊小怪"），赞扬了翻译腔严重的直译（如"这种劳动看上去如此艰苦，却是头一次深入到把法国和瑞士分开的这一带山区里来的旅行者最感到惊奇的劳动之一"）。意译者提出反意见，主办媒体却不予刊登。译者不太在乎，于是图书市场上劣译驱逐良译，给读者造成了巨大损失。所以如果真有价值，就应该按照西方的科学精神，据理力争，而不能用《论语》的话。因此，《论语》就只有半部能治天下了。

诗三百，思无邪

《论语》第二章第二节说："《诗》三百，一言以蔽之，曰：'思无邪'。"《〈论语〉今读》中的注文是："《诗经》三百首，用一句话概括，那就是：不虚假。"注释中又说："盖言诗三百篇，无论孝子、忠臣、怨男、愁女，皆出于至情流溢，直写衷曲，毫无伪托虚徐之意。"所以"思无邪"就是真情流露、毫不作假的意思。这是对《诗经》的高度概括，是理解《诗经》的关键。这三个字如何译成英文呢？我们看看理雅各和韦利的译文：

（1）Have no depraved thought. (Legge)

（2）Let there be no evil in your thoughts. (Waley)

理雅各说："不要有堕落的思想。"韦利说："思想上不要走歪门邪道。"两人译的都是文字，都是从反面着想的，都没有谈到正面的内容。而从正面讲，不要弄虚作假，就是说真心话，流露真实的感情。孔子说话言简意赅，往往举一反三，所以如果只知其一，不知其二，可能会失其精而得其粗。因此，整句话可以有两种译法：

（1）There are three hundred poems in the *Book of Poetry*. In a word, there is nothing improper.

（2）In a word, there is nothing but heartfelt feeling.

第一句从反面说：《诗经》三百篇中，没有不正当的思想；第二句从正面说：流露的都是真情实意。第一句译的是表层结构，第二句译的是深层内容。到底哪种译法好呢？检验理论的标准是实践。我们就拿《诗经》的第一篇来看，诗中有没有不正当的思想？流露的是不是真情实意？第一篇全文如下：

关关雎鸠，在河之洲。窈窕淑女，君子好逑。

参差荇菜，左右流之。窈窕淑女，寤寐求之。

求之不得，寤寐思服。悠哉悠哉，辗转反侧。

参差荇菜，左右采之。窈窕淑女，琴瑟友之。

参差荇菜，左右芼之。窈窕淑女，钟鼓乐之。

第一段四句说：春天河滨，鸠鸟叫春，青年男女，也开始春情发动。第二、三段八句说：夏天荇菜浮出水面，左右都有流水绕过。男子思念女子，日夜绕着她转，就像流水绕着荇菜左右一样。第四段四句说：到了秋天，荇菜成熟。可以采摘，男女感情也成熟了。于是弹琴鼓瑟，交友定情。第五段四句说：冬天农闲，男女结合，敲锣打鼓，煮熟荇菜，招待客人。这五段诗，按照春夏秋冬"四时行焉，百物生焉"的自然规律，青年男女由相思、追求、交友、定情而结合。这不仅没有什么不正当，而且流露的是真情实意。

　　《诗经》流传了三千多年，是两千五百年前孔子定为三百零五篇的，所以有许多不同的理解。例如君子和淑女是什么人？关雎是什么鸟？荇菜是什么菜？"流之"、"采之"、"芼之"是不是意义相同？这些都可以用孔子的话"思无邪"来判断：看哪种解释说得好？哪种说不过去？是不是有什么不正当的，或是流露了真实的感情？

　　首先，君子从字面上讲，是君主的儿子，所以有人认为是周文王，那么，淑女就是王后或者妃子了。但是君王和后妃会去河滨采摘荇菜吗？可能性不大，所以一般认为是普通人，尤其到了今天，要古为今用，更认为是青年男女了。

　　其次，雎鸠是什么鸟？一般说是水鸟，关关是鸟的叫声。但水鸟是吃鱼的，用在婚礼歌中，恐怕不合思无邪罢。有人说是斑鸠，斑鸠的叫声是咕咕，咕咕声音低沉，在歌词中不够响亮，加上"an"的元音，就变成"关关"了。所以斑鸠比水鸟更好。

　　最后，"流之"接着"在河之洲"，应该指水流过更加合理，如果说是左采右采，那就和前面的"河"没有关系，和后面的"采"又重复，可能低估了古代歌唱诗人的水平。更重要的是，荇菜春生夏长、秋收冬藏，和青年男女春天发情、夏天求爱、秋天定情、冬天结合，正好符合孔子说的"四时行焉，百物生焉"。这就是说合乎天道，顺应自然，也就是说"思无邪"了。我将这首诗英译如下：

By riverside are cooing

A pair of turtledoves.

A good young man is wooing

A fair maiden he loves.

Water flows left and right

Of cresses here and there.

The youth yearns day and night

For the good maiden so fair.

His yearning grows so strong,

He cannot fall asleep.

He tosses all night long,

So deep in love, so deep!

Now gather left and right

The cresses sweet and tender!

O lute, play music bright

For the bride sweet and slender!

Feast friends at left and right

On cresses cooked tender!

O bells and drums, delight

The bride so sweet and slender!

这个译文用水作为第二段"左右流之"的主语，用人作为第四段"左右采之"和第五段"左右芼之"的主语，这样就可以看清人与自然的关系，也可以看出青年男女你欢我爱的真实感情。再看看《大中华文库·诗经》中对（1）"流之"（2）"采之"和（3）"芼之"的译法：

（1）There grows the water grass. The folk are
    fond to pick;

（2）There grows the water grass. The folk are
    fond to choose;

（3）There grows the water grass. The folk are
    fond to gain.

中文意思大致是：（1）那里长着水草，人们喜欢采摘；（2）人们喜欢挑选；（3）人们喜欢得到。这虽然没有什么不正当的，但和男女青年的感情几乎没有关系，因此不如上面的解释好。这也说明："思无邪"如果译表层结构，不如译深层内容，更合孔子原意。

从心所欲，不逾矩

"吾十有五而志于学，三十而立，四十而不惑，五十而知天命，六十而耳顺，七十而从心所欲，不逾矩。"这是孔子一生的心路历程。

孔子十五岁立志求学，学什么呢？是学知识，还是做人？有人说是学礼，因为《论语》第八章中说过："兴于《诗》，立于礼，成于乐。"那"三十而立"就是"立于礼"了。这就是说：十五岁学礼，三十岁知礼了，可以在社会上站住脚，对于君臣父子师友之礼，或者说是人际关系，可以应付自如。到了四十岁，对礼乐之道，主观上没有什么怀疑。到了五十岁，更对天地之间的客观规律，有深入的理解。到了六十岁，无论听到人说什么，都能分清是非对错。最后进入七十岁，自己随便想做什么，主观愿望都不会违反客观规律和人为的规矩。

西方是如何理解这种心路历程的呢？我们看看理雅各的译文：

> At fifteen, I had my mind bent on learning. At thirty, I stood firm. At forty, I had no doubt. At fifty, I knew the decrees of Heaven. At sixty, my ear was an obedient organ for the reception of truth. At seventy, I could follow what my heart desired, without transgressing what was right.

这个译文，在五十岁以前，都和原文一致。到了六十，译者把"耳顺"解释为"耳朵是接受真理的驯服工具"，这就不仅是翻译了原文的表层结构，而且是揭示了深层的内容。七十也是一样，"不逾矩"说成是"不超越正确的范围"，使人更容易理解。那么，五十以前，能不能也译出深层的内容呢？问题似乎不那么简单。因为"志于学"的深层内容要问"学什么"，如果要古为今用，那就只好结合个人的具体情况来谈了。

说到自己，我是学外文的。恰好决定学外文的那一年，是十五岁，那年我在江西省立南昌第二中学高中二年级，英文老师要求我们背诵三十篇短文章，其中有英国莎士比亚的《恺撒大将》选段、美国欧文《见闻录》的序言。背熟之后，我对英美的文史风光有了兴趣，就开始考虑升学读外文了。但是如果要说立志，恐怕还没有达到那个高度，只是喜欢而已。到了三十岁，全国已经解放，我从欧洲游学回来，由教育部分配到北京外国语学院任教，开始了我这一生的外语教学事业，可以算是三十立业了。

到了四十，能不能算"不惑"呢？我二十岁时参加了第二次世界大战，在美国志愿空军做了一年英文翻译。二十二岁，我又把英国德莱顿的诗剧译成中文，发现兴趣很大。我同时在中学教英文，兼任大学助教，也受到了欢迎。当时对我而言，到底是教学呢，还是翻译呢？这是一惑也。结果我选择了双管齐下，工作是教学，业余搞翻译，解决了问题。在国内学了十几年英文，来国外又学了几年法文，自然学了英文再学法文，事半功倍。但到底做英文工作还是法文工作？这是二惑也。这个问题好办，服从工作需要。援助越南抗法战争时搞法文，越战胜利之后又搞英文，两全其美。于是我正式工作是英文法文教学，课余又把《毛泽东诗词》译成英法韵文，还把一本罗曼·罗兰的小说译成中文。这样就成了国内外第一个能进行中英、中法互译的人才。刚好那时公布了"高等教育六十条"，规定外语一级教授必须精通两种外语。我想精通至少应该能够互译，于是心中暗喜，以为胜利有望。不料评审结果，只评了个五级，而评上一级的教授，没有一个出版过两种外文互译作品的。这是三惑也。不过这个问题倒不难解决。按照孔子的说法："人不知而不愠，不亦君子乎？"按照当时的说法：工作要向高处看齐，报酬要向低处看齐。我比上不足，比下有余，知足不难，也可以说是"四十而不惑"了。

至于"五十而知天命"，"天命"是什么？是东方的命运，还是西方的上帝？联系个人的实际，我看"天命"可以理解为不可抗拒的客观规律或暴力。例如1966年爆发的"文化大革命"，我们这一代知识分子，刚好五十岁上下，很少有幸免的，不是受到批判，就是挨了斗争，甚至送了性命。所以"知天命"者只好苟全性命于乱世，才能保全文化，流传后代了。

"六十而耳顺。"耳顺是什么意思？有人说是能够虚心接受批评。理雅各说能接受真理，那就不能接受错误的意见了。我看还是能够分辨是非，接受正确的意见，指出批评的错误，这样才能互相提高，共同进步。例如翻译问题，有人认为翻译应该忠于原文的表层结构（如把法国小说《红与黑》中的市长夫人含恨而死译成"死了"），并且批评表层结构不相同的译文（如把"含恨而死"译成"魂归离恨天"），说是用了成语，违反了修辞规律。这时就要指出用词只是表层结构，更重要的是深层内容，为了内容可以改变表层结构。贝多芬说过，为了更美，没有什么清规戒律不可打破。这样才能提高翻译水平。

最后，"七十而从心所欲，不逾矩"，这是人生的最高境界。"从心所欲",是进入了自由王国,可以充分发挥主观能动性和创造力。"不逾矩"是停留在必然王国,还受到客观条件的限制,只敢人云亦云,不求有功,但求无过。回想自己七十年的翻译史,如能进入自由王国传情达意,就会感到"不亦乐乎"。而一般还是在必然王国对付表层结构,"词达而已"。

我且以对《论语》这段话的英译,来表明我的心志:

At fifteen, I was fond of learning. At thirty, I was established. At forty, I did not waver. At fifty, I knew my sacred mission (or the objective law). At sixty, I had a discerning ear. At seventy, I could do what I would without going beyond what is right.

朝闻道,夕死可矣

子曰:"朝闻道,夕死可矣。"(《论语·里仁第四》)早上明白了"道",晚上死了也没有什么遗憾。什么是"道"呢?大约是指做人之道,小则"修身、齐家",大则"治国、平天下"。《礼记》上不是说:"大道之行也,天下为公"吗?这就是治理天下的大道理。至于做人的道理呢?第十五节中孔子对曾参说:"参乎,吾道一以贯之。"曾子说:"夫子之道,忠恕而已矣。"这就是说,孔子讲的道理,可以用一句话贯穿起来,就是"忠恕"两个字。什么是"忠"?什么是"恕"?《周礼注疏》中说:"中心为忠,如心为恕。"这是把"忠恕"两个字拆开,说把心放在当中,不偏不倚，无私无党，那就是忠；别人的心，如同自己的心一样，将心比心，就会理解别人、谅解别人，这就是恕，所以朱子说："尽己之谓忠，推己之谓恕。"加两个字来解释：做人做事，都尽己之所能，那就是忠；推己及人，这就是恕。其实孔子自己对"恕"也有解释，第十五章二十四节说："子贡问曰：'有一言而可以终身行之者乎？'子曰：'其恕乎！己所不欲，勿施于人。'"一言终身行之，和"一以贯之"差不多。既然恕是消极的"己所不欲，勿施于人"，那忠就是积极的"己欲立而立人，己欲达而达人"了。所以孔子认为，做人之道就是"忠恕"二字。

西方人是如何理解"道"的呢？我们可以看看理雅各和韦利的译文：

8. If a man in the morning hear the right way, he may die in the evening without regret. (Legge)

15. The Master said, "Shen! My Way has one (thread) that runs through it"... Master Tseng said, "Our Master's Way is simply this: Loyalty, consideration." (Waley)

关于"道"字，两人都译成 way（道，道路，方法等），理雅各在前面加了一个形容词 right（正确的），那 the right way 就成了"正确之道"的意思，而韦利却用了一个大写的 Way，表示不是一般的道理，而是特指之道。两人的理解同中有异。而在"吾道一以贯之"中，理雅各把"道"译成 doctrine（主义，原则，学说）。可见"道"字在不同的情况下，可以有不同的意义、不同的理解，也可以有不同的译文。

"忠恕"二字也是一样。韦利把"忠"理解为"忠心"，把"恕"理解为"关心"、"考虑别人"，比较简单；理雅各却更加详细，把"忠"译成 true to the principles of our nature（忠实于本性的原则），把"恕"译为 the benevolent exercise of them to others（对人宽厚地运用这些原则），译文显得繁琐。可以取长补短，把这两节翻译如下：

8. If a man knows in the morning the right way of living (or how to live), he may die in the evening without regret.

15. The Master said, "Shen, you know how my principle can be simplified?"... Master Zeng said, "Our master's principle can be simplified into loyalty and leniency."

第八节说："朝闻道，夕死可矣。"究竟是什么道？早上明白了，晚上死也无憾。前面说是做人之道，修齐治平，虽然不能算错，但总觉得没有回答在点子上。为什么明白了做人或治国之道就可以死呢？回答有点牵强。只有说是生死之道才更合理。因为生死是一回事的两面。知道了生死的自然规律，知道了应该如何生活，也应该知道如何死亡。什么时候都该好好生活，尽其在我，那什么时候死亡都没有关系，不必担心。这就是"未知生，焉知死？既知生，何患死"了。第十五节说："吾道一以贯之。"在这里可能是"一言蔽之"的意思。"忠"字好译,"恕"却难。一个"中心",一个"如心",中文字形之妙,也该尽量传达,所以这里译成 loyalty 和 leniency,两个字形状相似,同头同尾,而且 leniency 的意思正是宽待别人。这样译可能较好。

第十五章二十四节对"恕"的解释是:"己所不欲,勿施于人"。韦利译文是:

Never do to others what you would not like them
to do to you.

这和第五章十二节子贡说的:"我不欲人之加诸我也,吾亦欲无加诸人。"意思差不多一样,理雅各的译文是:

What I do not wish men to do to me, I also wish
not to do to others.

这两句说的是"不欲",都是从反面来说的。从正面来说的如第六章三十节:"夫仁者,己欲立而立人,己欲达而达人。"理雅各的译文是:

Now the man of perfect virtue, wishing to be
established himself, seeks also to establish others;
wishing to be enlarged himself, he seeks also to enlarge
others.

这就是说,一个道德完美的仁人要立身于世,也要助人立身于世，要自己发展，也要助人发展。这和《圣经》中说的"己之所欲，亦施于人"有什么不同呢？《圣经》的话影响很大，影响了十六世纪的宗教战争，就是旧教和新教的战争。旧教徒要新教徒改变信仰，否则就是异教徒，就要将其活活烧死，甚至对其进行大屠杀。到了今天，有的国家相信"自由、民主、人权"，就要别的国家依样画葫芦，如不同意，甚至发动战争，造成无辜伤亡。这就是"己之所欲，亦施于人"。这和"己欲立而立人，己欲达而达人"不同。因为"立人"、"达人"是要助人立身立业，建立国家，不是进行战争，破坏国家；是要国家发达，不是毁灭国家。这和"己所不欲，勿施于人"更加不同。因为那等于说："自己不想国家遭到破坏，就不破坏别的国家。"可见孔子的"仁"和西方的"人权"，有同有异。

吾日三省吾身

曾子曰："吾日三省吾身：为人谋而不忠乎？与朋友交而不信乎？传不习乎？"这是孔子的弟子曾子每天检查自己的三个问题。我们现在看看理雅各和韦利是如何翻译这三句话的。

（1）The philosopher Zeng said: "I daily examine myself on three points:—whether, in transacting business for others, I may have been not faithful;—whether, in intercourse with friends, I may have been not sincere;—whether I may have not mastered and practiced the instructions of my teacher." (Legge)

（2）Master Zeng said, every day I examine myself on these three points: In acting on behalf of others, have I always been loyal to their interests? In intercourse with my friends, have I always been true to my word? Have I failed to repeat the precepts that have been handed down to me? (Waley)

"三省吾身"，两位译者都说是在三点上检查自己。第一点"为人谋"，理雅各说是为别人办事，韦利说是代办，前者一般化，后者特殊化，一般比特殊好。对"忠"字的翻译，理雅各的宗教意味重，不够明确；韦利政治气息浓，后面加了"利益"一词，就增加了经济意义。第二点"与朋友交"，两人一样。理雅各把"信"字说是诚恳，不如韦利说的"忠于所言"，但两种译文和原文有没有距离呢？似乎还可以研究。第三点两人都把"传"理解为孔子的教导。全句可以考虑翻译如下：

I ask myself, said Master Zeng, three questions every day: In dealing with others, have I not thought of their interests? In making friends, have my deeds not agreed with my words? In teaching students, have I not put into practice what I teach them?

曾子的"三省吾身"能不能应用于译者呢？
第一，"忠"字可以应用于原作者，这就是说，译者应该忠于原作，但原作并不限于原文的表层形式，还应该包括原作的深层内容，不只是忠于原作的文字，更要忠于原文所表达的思想。如果具体到把中国古典诗词译成英文，那就不但是要达意，而且还要传情。尤其是中国古诗，一切景语都是情语，达意而不传情，只能算是译了一半，传情甚至比达意还更重要。例如《诗经·采薇》中的名句："昔我往矣，杨柳依依。今我来思，雨雪霏霏。""依依"不但是写杨柳飘扬之景，更是写依依不舍的征人之情；"霏霏"不但是写雪花飞舞之景，更是写征人饥寒交迫之情。因此，英文可以译成：

When I left here, / Willows shed tear.
I come back now, / Snow bends the bough.

法文可以译成：

A mon départ, / Le saule en pleurs;
Au retour tard, / La neige en fleurs.

第二，"信"字可以用于译者本人，译者是否言行一致？是否理论联系实际？就以上面的英法译文为例，译者是否使景语成为情语了？"杨柳依依"，因为英文的"垂柳"是weeping willow（垂泪的杨柳），所以译文说杨柳流泪。既写了垂柳之景，又表达了依依不舍之情。"雨雪霏霏"英译说是大雪压弯了树枝，既写了雪景，雪压树枝又可以使人联想到战争的劳苦压弯了征人的腰肢。法译却用"千树万树梨花开"写雪景的唐诗，用乐景来衬托哀情，"以倍增其哀"，都可以算是景语成情语了。所以可以说是理论联系实际的。

第三，"传"字可以用于读者，战士归途中饥寒交迫之景，是否赢得了读者的同情，引起其对战争的反感和对和平生活的热爱？如果是的，那译者就是学了曾子的"三省吾身"，付之实践，并且有收获了。

君子喻于义，小人喻于利

贤与不贤的问题，如果进一步，就是君子与小人的问题。子曰："君子喻于义，小人喻于利。"（《论语·里仁第四》）这就是说，君子和小人、贤人和不贤的人之间的差别，主要是君子为义，小人为利。君子做事，要问是不是应该做的，小人却只看是不是对自己有利。西方人是如何理解"义"和"利"的呢？我们来看看韦利的译文：

A gentleman takes as much trouble to discover
what is right as baser men take to discover what will pay.

韦利认为：上等人费工夫去发现什么是正确的，而下等人却费工夫去寻找有利可图的。把"义"理解为"正确的"，把"利"理解为"有利可图的"，都很不错。不过中文"义"、"利"二字对称有韵，英译文中就看不出妙处了。可以考虑下列译文：

A cultured man cares for what is proper and fit
while an uncultured man cares for the profit.

新译把"君子"和"小人"说成是有没有文化的人，可能减少了一点对下等人的轻视。根据"义者宜也"的古训，把"义"译成 proper（适当的）and fit（合适的），又把"利"译成 profit（利益），而后者恰巧是前者的头尾组成的，这也可以说是一个文字游戏了。关于"义利"的矛盾，《论语》第四章第五节说过："富与贵，是人之所欲也；不以其道得之，不处也"。这话把"利"具体化为"富与贵"，却把"义"抽象化为"道"。说做官发财是大家都想的事，但是如果官商勾结，不走正道，即使发了大财，也是不可取的，是犯了罪的。现在看看理雅各是如何翻译的：

Riches and honors are what men desire. If it cannot be obtained in the proper way, they should not be held.

译文没有什么问题，如果"贵"字带有贬义，可能更好，"道"和"义"倒有联系。可以略加改动如下：

Riches and rank are what men desire. If they were obtained in an improper way, they should be relinquished.

富贵是人之所欲，古今中外都是一样。元曲《塞儿令》中就说："有钱时唤小哥，无钱也失人情。"（Rich, you are called dear brothers; / Poor, you're despised by others.）美国更把 make money（赚钱）看作最重要的事。名位也是一样。但《论语》第四章十四节却说："不患无位，患所以立。
不患莫己知，求为可知也。"这就是说：不怕没有名位，只
怕不够称职；不怕人不知名，有实就有名了。译成英文：

Be more concerned with your mission than with
your position.

Fear not to be unknown but to be unworthy of
being known.

求实，称职，就是富贵之"道"。前面说："人不知而不
愠"，那是消极的；"求为可知"，就是积极的了。

不患人之不己知，患不知人也

《论语》第一章最后一节说："不患人之不己知，患不
知人也。"这句话比第一节中的"人不知而不愠"又更进一
步。第一句只是说：即使别人不理解，自己也要不在乎。这
一句却是说：不要怕别人不理解你，怕的是你不理解别人。
这就从消极转变为积极了。满不在乎是消极的态度，理解别
人却是积极的人生观。关心人是孔子哲学的核心，核心是个
"仁"字，而"仁"是由"二人"两个字组成的，"二人"
中一个是自己，一个就是别人。"仁"的意思就是凡事不要
只想到自己，还要想到别人。所以《论语》中最重要的一句
话是"己所不欲，勿施于人"，就是将心比心、推己及人的
意思。如果每个人都关心别人，像关心自己一样，那何必担
心别人不理解自己？担心就说明自己不理解别人。现在看看

理雅各和韦利如何翻译这一句：

> （1）I will not be afflicted at men's not knowing me; I will be afflicted that I do not know men. (Legge)
>
> （2）(The good man) does not grieve that other people do not recognize his merits. His only anxiety is lest he should fail to recognize theirs. (Waley)

首先"患"字如何翻译？理雅各用了同一个动词 afflict（感到痛苦），韦利用了动词 grieve（感到悲伤）和名词 anxiety（忧虑），用词都嫌太重，知名问题一般不会使人感到痛苦、悲伤或忧虑。其实"患"字只是"毛病"或"担心"的意思。西方译者用了痛苦、悲伤、忧虑等词，可见他们重视知名度的问题在中国人之上。其次"知"的译法，理雅各用的是 know（知道），比较笼统，可算对等；韦利和前面一样，还是用了 recognize one's merits （承认一个人的价值），比较具体，比较精确。因为"知道"一个人，可以只知道他的姓名、面貌、性格，并不一定知道他的价值，即使知道，也不一定承认，所以理雅各只译了原文的表层结构，韦利却进一步译了深层内容。如果把他们的译文结合起来，就可以更接近原文的含义，现在翻译如下：

> I care less to be understood and recognized by other people than to understand and recognize others.

《论语》第一章第一节和最后一节都谈到知人知己的问

题，但强调了"知人"的重要性，贬低了"为人知"的必要性，造成了人才"与世无争"的风气，结果顺民很多，天下太平，却扼杀了人才的积极性、创造性，所以两千年来，中国发展缓慢，落后于西方了。西方信仰上帝，上帝禁止人吃智慧之果，人却敢和上帝斗争，争取知识，争取为人所知，结果科学发达，造成了现代的文明。比较一下中西方的发展过程，可以看出孔子思想的利弊。弊端之一就是没有分清谁该知人，谁该知己。如果说"不患人之不己知"中的"己"是指人才，那"人"就该指用人的人；而"患不知人也"中的"人"却不应该是"用人的人"，而应该指人才。这就是说，人才不必担心没有人用他，而用人才的人却应该担心自己不识人才。举个例子来说：20世纪30年代，钱锺书、陈省身从欧美回到中国西南联合大学，梅贻琦校长破格提升他们为外文系和数学系的教授，所以钱、陈不必担心没人赏识。但是30年来，有些大学外文系提升的教授，却连外语都没有过关，这就是用人的人不识人了。造成这种结果，和孔子"不求人知"的思想，不能说没有关系，所以说有半部《论语》不可以用于治天下了。

《老子》译话

道可道，非常道

《老子》（又名《道德经》）是中国最早的哲学著作，比西方的希腊哲学早一二百年，内容深刻、文字精炼、影响深远，可以和希腊的柏拉图思想争辉比美，毫不逊色。

《老子》第一章说："道可道，非常道"。第一个"道"就是老子哲学的本体论。"道"字意义丰富。很难译成英文，一般音译为 Tao，"道家"半音译半意译为 Taoist，这已经为辞典所接受，但是不好理解。有人直译为 Way（道路），比较具体；有人意译为 Law（道理，规律），比较抽象；有人折中译成 Truth（道理，真理）。到底如何译好，要看具体上下文内容来决定。"道可道"中的第二个"道"是动词，是"说道"、"知道"的意思，说"道"是可以知道的、可以认识的，这是老子哲学的认识论。"道可道"说明老子的认识论不是"不可知论"，而是"可知论"。怎么"可知"呢？老子回答说："非常道"。这就是说："道"是可以知道、可以认识的，但不一定是大家常说的道理。举个例子来说：民主的道理是可以知道的，但不一定是美国人常说的那个民主的道理。美国林肯总统理解的民主，是一个民有、民治、民享的政府（a government of the people, by the people, for the people）。但是到了今天，美国强调的是民治，是民选，而中国强调的是民享，是为人民服务。现在，西方国家认为中国不是民主国家，但中国认为西方民主并不民主。就以民选而论，2000年布什和戈尔竞选美国总统时，布什总得票数少于戈尔反而当选，难道这是民主吗？中国虽然没有像美国那样进行选举，但人民对"民享"的政府是满意的。所以，到底是美国民治的道理对，还是中国民享的道理对呢？看来还是老子说得不错："道可道，非常道"。民主的道理是可以知道的，但既不是美国人常说的民选、民治之道，也不是中国常说的为人民服务之道。这就是老子哲学的认识论。《老子》第一章前六个字就包含了本体论和认识论，多么精炼，多么丰富，多么深刻。这句话国内有几种译文：

1. The Tao that is utterable is not the eternal Tao.

(北大出版社)

2. The Dao that can be told is not the constant Dao.

(外文社)

3. The Way can be expressed, but the Way that can be expressed is not the eternal Way. (世界图书公司)

4. The divine law can be spoken of, but it is not the common law. (高教出版社)

5. Truth can be known, but it may not be the well-known truth.

比较一下几种译文：第一个"道"字第一种译文是旧音译，第二种是新音译，都不容易理解；第三种译成"道路"

好些；第四种译为"天道"更好；第五种作为句子最好，但在书中可能不如"天道"，因为全书《道德经》的译名是 Laws Divine and Human（道经和德经）。

"道"和"德"为什么解释为"天道"和"人道"呢？这是有根据的。《老子》第25章中说："人法地，地法天，天法道，道法自然。"可见"道可道"中的第一个"道"就指"天法"的客观之"道"，也指"法自然"的"天道"，所以"道"可以解释为"天道"。至于"德"呢？指的是"法地"、"法天"、"法道"、"法自然"的人的主观之"道"，就是"人道"或"为人之道"。所以《道德经》可以理解为"天道"和"人道"之经。第二个"道"字分别被解释为：1. 说出，2. 告诉，3. 表达，4. 谈到，5. 知道，各有千秋。第三个"道"字和"常"字连在一起，"常"字分别被解释为：1. 永恒的，2. 经常的，3. 永恒的，4. 普通常用的，5. 众所周知的，到底哪种解释好些？这要看作者的原意、译者的理解和今天读者的理解来决定，恐怕是个"仁者见仁，智者见智"的问题。作为译者之一，只能说我译《老子》，其实是我注《老子》，也是《老子》注我。这就是说，我不能断定老子的原意到底是什么，只能根据我自己的理解，认为什么是最好的理解，就采取什么译文了。我最喜欢第五种译文，若在书中，也可考虑改成：

The divine law can be known, but it may not be the law you know (or well-known to you).

以上谈的是《老子》第一句，第二句接着说："名可名，非常名"。第一句谈的是抽象的、客观的"道"，第二句谈的是具体的、主观的"名"。第一个"名"指的是天地万物，怎见得？因为第三、四句接着说："无名，天地之始；有名，万物之母"，可见"名"指的是天地万物。天地万物开始并没有名字，一直到有了人，人才给万物取名。所以第二句第一个和第三个"名"，指的是天地万物；而第二个"名"是动词，是"取名"的意思，说天地万物可以取个名字，但是名字并不等于实际的天地万物。例如老子时代认为"天圆地方"，实际上地并不是方的，而是圆的，所以名字是可以取的，但名字只是个符号，并不等于实物，这点非常重要。因为现在世界上很多争论，如民主、自由、人权等，争的都是名词，不是民主、人权的实质。如果真正理解了老子的"名可名，非常名"，争论就可以休战了。根据实际来研究理论，可以说是老子哲学的方法论。

《老子》第一章前几句："道可道，非常道；名可名，非常名。无名，天地之始；有名，万物之母。"可以翻译如下：

> The divine law (or truth) can be known, but it may not be the law well-known to you (or well-known truth). Things may be named, but names are not the things. In the beginning heaven and earth are nameless, when named, all things become known.

"道"是虚的，"名"是实的。通过"实"的"名"来研究"虚"的"道"，这是研究《老子》的方法，和西方柏拉图的"多中见一"（one in many）也有相通之处，可以进行比较研究。

上面讲了"道"和天地万物的关系。但是认识"道"也好，认识天地也好，都是人的认识，所以以下面就谈"道"和天地人的关系。《老子》接着说："故常无欲，以观其妙；常有欲，以观其徼。"因此，人应该没有主观愿望，才能客观地看出"道"内在的玄妙；又应该有主观愿望，才好观察"道"无限的外在表现（"徼"是极端、边际的意思，"观其徼"就是要观察"道"极端的、无边无际的表现），这可以用《论语》中的话来说明。子曰，"予欲无言"，"无言"就是"无欲"，为什么"无言"呢？孔子接着说，"天何言哉？四时行焉，百物生焉"。天不说话，却让春夏秋冬四时运行，鸟兽草木万物生长。人不说话，没有个人主观愿望，就能在具体的四时万物中发现抽象的生长之道，这就是"观其妙"。至于"常有欲"呢？那又可以用《诗经·关雎》中的两段诗来说明。"关关雎鸠，在河之洲。窈窕淑女，君子好逑。"（一对雎鸠咕咕叫，爱在河中小洲上。姑娘啊苗苗条条，情郎和她想成双。）"参差荇菜，左右流之。窈窕淑女，寤寐求之。"（荇菜啊长短不齐，水流过左右东西。姑娘啊苗苗条条，追求她直到梦里。）君子看见春夏秋冬四时行焉，听见雎鸠流水，荇菜生焉，如果没有主观愿望，那对"道"的了解不够深入，不是无限或无边无际。但他看见雎鸠成对成双，流水抚摸荇菜，自己也想和淑女成对，那对生之道、爱之道，理解就前进了一步，对"道"表现为生长发育、追求爱恋，理解的疆域又扩大了。这就说明了"常有欲，以观其徼"。"以观其妙"和"以观其徼"是《老子》的目的论。

这几句可以翻译如下：

So we should be free from desires in order to
understand the internal mystery of the divine law, and
we should have desires in order to observe its external
manifestations.

《老子》又接着说："此二者，同出而异名，同谓之
玄。玄而又玄，众妙之门。"这几句有多种理解，"此二者"
指什么？有人说指"道"和"名"。那第二句"名可名，非
常名"的意思就是："道"是可以有个名字的，但是这个名
字并不等于"道"。这样一来，和下文"无名，天地之始；
有名，万物之母"就联系不上。因为"道"有没有名字，和
万物生长并没有关系。有人又把这两句的标点改为："无，
名天地之始；有，名万物之母"，并且说"此二者"指
"无"和"有"。这样把"名"当动词用，说不太通。因为
取名是人做的事，"天地之始"还没有人，如何"名"法？
这句不通，"此二者"也就不能解释为"无"和"有"了。
看来还是解释为"其妙"和"其徼"好一点，因为"妙"指
微妙，就是"玄而又玄"的"玄"，可见"道"的内容少而
精；"徼"指边缘，就是"众妙之门"的"妙"，可见"道"
的形式广而大。英译文是：

Internal mystery and external manifestations
come from the same origin, but have different names.
They may be called essence.

The essential of the essence is the key to all mysteries.

用现代术语来说，"常无欲"，就是不要用主观愿望来代替客观现实；"以观其妙"，这样才能看出客观事物维妙维肖的真相。"常有欲"，就是要充分发挥主观能动性，去观察客观世界；"以观其徼"，这样才能看出世界的形形色色、五花八门。既要"无欲"，又要"有欲"，这不是矛盾吗？不是，"无欲"指的是不符合客观实际的愿望，"有欲"恰恰相反，指的是符合客观实际的意图。由此可见，同一个"欲"字，包含两个相反的内容，这也进一步说明了"名可名，非常名"的意思。同一个名字，或者同一个形式，可以有两个不同的甚至是相反的内容。所以《老子》第二章就要讲辩证法了。下面的"此二者"指的就是"内容"和"形式"。内容和形式是万物的两个方面，"同出而异名"，只是名称不同。内容和形式都是玄妙的，内容是抽象的"玄"，形式是具体的"妙"。这和西方柏拉图的"一多"哲学有相通之处。"一"（One）指抽象的观念，"多"（Many）指具体的事物。观念体现在事物中，正如老子抽象的内容体现在具体的形式中一样。"道"是抽象的内容，"名"是具体的形式。"玄而又玄"，我理解为既玄又妙，内容抽象玄妙的理论，可以解决具体的实际问题，这就是"众妙之门"了。

道生一，一生二，二生三，三生万物

第二章谈到老子的"无为"，主要是无私的意思。第三章更进一步，谈到不争名利的问题，一开始说："不尚贤，使民不争；不贵难得之货，使民不为盗；不见可欲，使民心不乱。"这三"不"和三"民"说明了老子的政治哲学。"尚"是崇尚、崇拜的意思，"贤"指贤德的人、有德有才之士。不崇拜有德有才的人，免得老百姓争名夺位，这是第一；不看重难得的货物，免得老百姓争财夺利、偷盗抢劫，这是第二；还要更进一步，从思想上解决问题，根本不让老百姓见到想得到的东西，免得他们利欲熏心、你争我夺，这是第三。这三点可以翻译如下：

Honor no man so that none would contend for honor, value no rare goods so that none would steal or rob; display nothing desirable lest people be tempted and disturbed.

以上是从反面说的，下面再从正面来讲："是以圣人之治，虚其心，实其腹；弱其志，强其骨。"说圣人治理国家，要使百姓丰衣足食而不胡思乱想，身体健康但不贪图非分。这是往好处想，若往坏处想呢，那就是愚民政策了。这几句的译文是：

Therefore the sage rules by purifying people's soul (simplifying or emptying their minds), filling their bellies (satisfying their needs of the stomachs), weakening their wills or ambitions (or reducing their selfish desires) and strengthening their bones (or keeping their health in good condition).

比较一下几种译文，有的往好处想，有的不那么好，很难说谁是谁非，可能是个仁者见仁、智者见智的问题。

第三章最后说："常使民无知无欲，使夫智者不敢为也。为无为，则无不治。"关于"无知无欲"，如果孤立地讲，理解为没有知识，没有欲望，那就是愚民。如果联系上下文来讲，"无知无欲"是指"虚其心"（不胡思乱想）、"弱其志"（不妄图非分）来说的，指的是没有做坏事的思想，没有违反客观规律的欲望。联系下文"使夫智者不敢为"，就是使聪明人都不敢做坏事。所以结论是："为无为，则无不治。"只要天下都没有人做坏事，那国家还治理不好吗？这是老子哲学思想的核心："无为而治"。在第二章，"无为"指不为我，不为私利；在第三章，指不做坏事，不犯错误。这段可以翻译如下：

He always keeps them knowledgeless and desireless so that the clever cannot induce them to do wrong. Where nothing wrong is done, there can be no disorder. (Act in accordance with the principle of inaction and the world will be kept in order.)

括弧中的译文不好理解。"无知无欲"还和第一章的"有欲无欲"有联系，无欲才能了解内心世界，有欲才能利用外部世界。

"道"存在于内心世界，但表现于外部世界。所以第四章开始说:"道冲,而用之或不盈。渊兮,似万物之宗。""冲"字是冲虚平和的意思,一说是"盅",就是说:道是空虚的,像一个空的盅子一样,但是用处却无穷无尽,像一个永远装不满、永远倒不完的盅子;或者不如说,道是一个无底深渊,万物都是按照天道生育成长的。怎见得?老子在后面说了:"道生一,一生二,二生三,三生万物。"一二三四直到无穷无尽的万物都有生成的道路或道理,所以说"道"好像是"万物之宗"。这就说明了虚实的关系,道是虚的,万物是实的,无穷无尽的实物都是按照看不见、摸不着的道理成长发展的。这段可以译成英文如下:

The divine law is formless (invisibly empty, a void, empty like a bowl), its use is inexhaustible (extremely plentiful). It is endless (profound, an abyss, bottomless like a valley), whence come (spring) all things (like the originator or ancestor of all things in the universe).

"冲"字解释为"无形的"似乎比"空洞的"好一些,因为前者指外在的形式,后者可能引起对内容的误解。"渊"字解释为"无底深渊"似乎不错,但是带有贬义,不如简单说是"无穷无尽"更好。最后一个"宗"字解释为"祖宗"也太具体,而原文是两可的,所以不如从简。

下面一段(马王堆本所无)说:"挫其锐,解其纷;和其光,同其尘。"似乎是说:"道"是冲虚平和的,如果万物中有尖锐刺人的,就要锉平;有纠缠不清的,就要解开;

有光彩夺目的，就要温和；有留恋尘世的，却要同情对待。总之是要冲虚平和，译文如下：

Let the sharp be blunted, the knot be untied (unentangled), the glare (brilliance) be softened, and all be humble as dust.

最后一段说："湛兮，似或存。吾不知谁之子，象帝之先。"据注解说："湛"是"空明"的意思，看起来似乎是存在的，就是第二十一章说的："道之为物，惟恍惟惚。惚兮恍兮，其中有象；恍兮惚兮，其中有物。"道就是恍恍惚惚的物象，不知道是从哪里来的。但根据老子说的："人法地，地法天，天法道"，道在天之先，自然在天帝之先了。这段可以翻译如下：

Apparent, it seems to exist. I do not know whence it came; it seems to have existed before God (Emperor of Heaven).

天帝可以借用西方的上帝，《圣经》中说：上帝开天辟地，所以上帝先于天地。但是西方没有"天法道"的说法，上帝只是人所取法的具体形象，而老子却抽象化为"道"了。这是中西方的不同。

第四章谈道，道是冲虚平和、不偏不倚的，"道法自然"，天地法道，人法天地。所以天地人都要法道，都要法自然，都要不偏不倚。因此第五章开始说："天地不仁，以万物为刍狗"。就是说天地对人和对万物一样，不偏不倚，没有偏爱，把人和万物都一视同仁，对人像对其他动物和植物一样。"刍"是一种植物，是用来喂牲畜的草；狗在这里代表动物。"刍狗"还有另外一种解释，说是用草束成狗形，祈雨时当祭品，祭祀后就不用了。那天地对人就像对祭品一样，只是利用而已，并没有什么仁心。这种解释不如前一种好。第五章接着说："圣人不仁，以百姓为刍狗。"这一点老子和孔子就大不相同。孔子重仁，老子却说"圣人不仁"。为什么呢？因为人法天地，既然天地"不仁"，那圣人要法天地，对百姓也要不偏不倚。这就是儒家入世、道家出世的不同之处。这两句可以译成英文如下：

Heaven and earth are indifferent (merciless, inhumane, show no bias); they treat everything like straw or dog (straw dogs, worthless straw-dog sacrifices, let all things grow naturally).

The sage is indifferent; he treats everyone like straw or dog (let the people develop themselves).

比较一下几种译文，"不仁"可以解释为：1. 冷漠不关心，2. 无情，3. 无人性，4. 没有偏见。可能第一种和第四种译文更符合不偏不倚的精神。"刍狗"的理解是：1. 刍或狗，2. 刍狗，3. 没价值的刍狗祭品，4. 让人自由发展。可能第四种最能传达原文的意思。

第五章接着说："天地之间，其犹橐龠乎？虚而不屈，动而愈出。多言数穷，不如守中。"橐是风箱，龠是箫管，中间都是空的。老子把天地比作风箱和箫管，因为天和地之间也是空的、空虚的。"虚而不屈"的"屈"，据严复说是"掘"的意思，"不屈"就是掘之不尽、用之不竭。"动而愈出"是说你越拉动风箱，风箱出风越多；你越吹箫管，吹出的音乐也越多。天地法道，老子把"道"比作风，说"道"在天地之间，虽然空虚抽象，但是用之不尽，取之不竭。最后八个字"多言数穷，不如守中"和上文联系不大，湖南马王堆出土的《老子》没有这八个字。勉强解释，元吴澄说："数，速也。"这就是说：话说得越多，就穷竭得越快，所以不如保守中庸之道，或者学习中间空虚的风箱和箫管，说话不要太多。但是这和上面说的"虚而不屈，动而愈出"（空虚却发掘不完，动嘴说话越说越多，没完没了），不是矛盾了吗？现在看看翻译能不能解决问题：

Are not heaven and earth like a pair of bellows or a pipe? Empty, air will not be exhausted; forced, more will come out. If more is said than done, it would be better to take the mean (the void).

外文社译本没有译这八个字，可能是更好的解决办法。

人法地，地法天，天法道，道法自然

第四、五、六章谈的都是"道"。但却用实例来说明空虚的道总是用之不尽、取之不竭的。第四章把道比作无底深渊，第五章把取法于道的天地比作中间空虚的风箱和箫管，

第六章又把道比作空空的山谷。第六章一开始说："谷神不死，是谓玄牝。"神是神灵，把道比作空谷的精神，看起来虽然空空的，但谷中万物却生生不息，永远不停。山谷就是玄妙的母亲，道则是"玄牝"（玄妙的母性）。下面看看两种译文：

（1）The Valley Spirit or the God of Vacuity never dies, which is the profound mystery of maternity.

（2）The vale spirit never dies, it is the mysterious womb.

第一种译文的"母性"译得容易理解。第二种译文更形象化，把山谷比作神秘的阴户。如果不加注释，理解就不容易了。

第六章接着说："玄牝之门，是谓天地根。"宋代范应元注："门者，指阴阳也，以其一开一合往来不穷而言也。"这句可以算是"地法天，天法道"的注解。上面说了："道"是玄妙的母性，就是阴阳之道。古代把天看作阳性，把地看成阴性，天地阴阳交配，就生出了万物，所以说"道"是"天地根"。"人法地"，也是男女阴阳交配，生生不息，因此，"天地根"包括了人的根源在内。这是老子的生命哲学。可见，古人两千多年前的思想，比同时的西方神学高明得多。第六章最后说："绵绵若存，用之不勤。"这就是说"道"绵延不断，仿佛永远存在，用之不尽，取之不竭。这几句也有两种译文：

（1）The opening of profound maternity is the root of Heaven and Earth. It is continuous, and its function is eternal.

（2）The door to the mysterious womb is the origin of heaven and earth. It lasts as if it ever existed; when used, it is inexhaustible.

第一种译文是意译，第二种是直译，不如上句好懂。第二种译文的"门"字也是直译，如指阴户倒是形似，但意思并不明确。"根"字解释为"根源"，比第一种译文好懂一点。但不如把全句改成：

From the mysterious womb (or from the mystery of maternity) are born (or come) heaven and earth.

第四至六章几个例子都说明老子说的"人法地，地法天，天法道，道法自然。"人取法于空谷深渊，可以说是人法天地；空谷生长万物，并且生生不息，可以说是天地法道，用之不尽，取之不竭。至于人用风箱、人吹箫管和道有什么关系呢？风箱中间是空的，人拉风箱，越拉风越大，只要人拉，风永远吹不完。这就是人法天地、天地法道了。箫管中间也是空的，人吹箫管就像风吹过高山低谷、森林草原，发出各种乐音，这就是人法道、道法自然了。

前几章谈空虚无为，"无为"有人理解为无所作为，有人理解为无为而无不为，也有人理解为无我，有所作为都不是为我，这就是无私了。第七章说："天长地久。天地所以能长且久者，以其不自生，故能长生。""以其不自生"是什么意思呢？从不同的译文看来。有不同的解释：

> （1）Heaven is eternal and earth everlasting. They can be so just because they do not exist for themselves. And for this reason they can long endure.
>
> （2）Heaven and earth exist for ever. The reason why they exist so long is not that they want to exist; where there is no want, to be and not to be are one.

第一种译文采用分译法，说天是永恒的，地是长存的。其实原文天长地久并无分别，所以第二种译文采用合译法说天地是永远存在的。形虽不似，意却相同。第二句，第一种译文说：天地所以长存，因为天地并不是为了自己而存在的，把"不自生"理解为不为自己而生存或存在，虽然可以，但认为天地的存在有一个目的，只是目的不为自己而已。第二种译文却认为天地的存在并没有目的，既然没有目的，那就没有什么可以判断存在的长短。例如建设社会主义，达到目的可能要几百年。如果没有目的，或者是个不可知的目的，那存在就可以是永远存在，因为目的永远也达不到。所以第二种译文说：既然没有要不要的问题，那存在或不存在就是一回事了。

第七章接着说："是以圣人后其身而身先，外其身而身存。非以其无私邪？故能成其私。"这有点像范仲淹说的："先天下之忧而忧，后天下之乐而乐。"圣人要等天下人都乐了，自己才乐，这是"后其身"；但是第一个天下人乐时，他也乐了，和第一个人同乐，一样快乐，这就是"身先"了。"外其身"是"置身事外"，把个人得失置之度外，只考虑大家的得失，大家都有所得，他的所得也保存了，这就是"身存"。总而言之，就是要"无私"，要和大家同忧乐，大家都乐，自己也乐了，这就是"成其私"。下面看看几种译文：

（1）The sage similarly puts himself behind others; yet it turns out that he comes before others; he completely disregards his own existence, and yet it turns out that his existence is preserved. Is it because they are not selfish that they attain what they attain?

（2）Therefore for the sage the last becomes the first, the out becomes the in. As he is selfless, all become his self.

第二种译文说：圣人无先后内外之别，因为无私，所以公私合一了。可以说第一种译的是词，第二种译的是意。

有无相生，难易相成

《老子》第一章是总论，谈到老子哲学的本体论（道）、认识论（道可道，非常道）、方法论（客观无欲，主观有欲）、目的论（以观其妙，以观其徼）。第二章是分论，开始谈美丑善恶的相对论。第一句说："天下皆知美之为美，斯恶矣。"在注释中，范应元说："道常无为，初无

西风落叶

美恶。"这就是说，老子之道，原来是无所谓美恶的，四时行焉，百物生焉，都是自然之道。客观上说，四时没有美恶之分，万物也没有美恶之别，所以可说是美的，也可以说是恶的。等到天下有了人，对主观的人说来，春花秋月是美的，夏热冬寒是恶的。但美恶是相对的：如夏天炎热，似乎是恶，但五谷丰收，又是美了；冬日严寒，似乎是恶，但瑞雪丰年，又是美了。所以老子说：天下人都知道美，却不知道美恶是相对的。没有恶就没有美。如果只知有美而不知有恶，那美和恶就没有分别，美的也可以说是恶的了。第二句接着说："皆知善之为善，斯不善矣。"也就是说，善和不善也是相对的。如瑞雪丰年对人是善事，但对冻死的害虫来说，却是不善的。如果认为世界上的事都是善事，没有不善的事，那善和不善也没有区别，善也可以说是不善了。下面看看北大出版社的译文：

The whole world knows the beautiful as beautiful only because of the existence of the ugly. The whole world knows the good as good, only because of the existence of the bad.

译文说：全世界都知道美是美，只是因为有丑恶的存在；全世界都知道善是善，只是因为有恶的存在。译者加了"只是因为"几个字，译文就容易理解了，因为翻译的不是形式，而是内容。

第二章接着说："故有无相生，难易相成，长短相形，高下相倾，音声相和，前后相随。"这就是说，和美恶一样，有无、难易、高下、声音、前后也都是相对的。这几句的译文如下：

> Hence the Being and the Nothingness (Non-being) exist in opposition; the difficult and the easy complement each other; the long and the short manifest themselves by comparison; the high and the low are inclined (complement) as well as opposed to each other; the consonants and vowels harmonize with each other; the front and the back follow (succeed) each other.　　(北大社)

> For "to be" and "not to be" co-exist, there cannot be one without the other: without "difficult" there cannot be "easy"; without "long" there cannot be "short"; without "high" there cannot be "low"; without sound there can be no voice; without "before" there cannot be "after". The contrary complement each other.　　　　　(高教社)

　　第一种是北大出版社的译文，括弧内是世界图书出版公司的译文。比较一下"有无"二字，前者似乎不如后者对称，而第二种译文借用了莎士比亚的名句 to be or not to be，意味似乎更加深远。第一种译"相生"、"相成"等用分译法，但"相倾"并不好懂，世界本译文用了 complement（相辅相成），和北大本"相成"的译文一样，可见这几个词形式不同，内容却大同小异。而"前后相随"如果根据形式译成 follow 或 succeed，内容却不对了，因为只有后能随前，前并不能随后，但是中文意义含糊，理解却不会错，这是艺术性文字的优越性，说一可以指二，说二也可指一；而英文是科学性的文字，说一是一，说二是二，没有一点含糊，译成互相追随，变成"前"可以随"后"，这样就不合理。而第二种用合译法，不管形式上是"相生"、"相成"、"相形"、"相倾"、"相和"、"相随"，都根据内容译成"相辅相成"，缺一就没有二，反而更容易理解。所以翻译《老子》和理解《老子》一样，要通过原文的形式来了解原文的内容，又要通过译文的形式来表达原文的内容，内容总比形式重要。

第二章最后说："是以圣人处无为之事，行不言之教，万物作而弗始，生而弗有，为而不恃，功成而弗居。夫唯弗居，是以弗去。"因此，圣人做事，不必都自己做，也不是为自己；进行教育，并不必多说话；万物生长发育，却不是圣人开发的；万物成长之后，也不属于圣人所有；圣人如果做了什么，并不觉得自己了不起，可以提出什么要求；即使有了功劳，也不认为功劳是自己的。正因为功劳不属于个人，就是大家的了。上一段讲善恶功过相辅相成，这一段更进一步，讲的是功过相反相成的辩证之理，可以翻译如下：

Therefore, the sage does nothing for himself, teaches not by saying, lets everything begin uninitiated and grow unpossessed; then everything is done without being his deed, succeeds without being his success. Only when success belongs to none will it belong to all.

"无为"是老子思想中的重点，但是如何理解，如何翻译，译者各不相同。如"圣人处无为之事"，北大出版社和世界图书公司的译文分别是：

Thus the sage behaves without taking active action. (圣人的行为并不积极主动。)　　　　（北大社）
Therefore the sages do by non-action. (圣人做事并不采取行动。)　　　　　　　　（世界图书公司）

北大译文比世图译文更容易理解，前者译的是意，后者译的是词。一般译者译词多于译意，但根据具体上下文看来，"生而弗有"、"为而不恃"、"功成而弗居"，都是不为自己的意思，所以译成"不为个人"，可能更合原意。

上善若水

第七章谈无私。第八章举实例说明，一开始说："上善若水。水善利万物而不争。"最无私，对人和万物最好的是水，因为水给人和万物带来好处，而不和人或万物争利，也不争夺任何东西。这一句话可以翻译如下：

The highest good is like water. It benefits everything by giving without taking or contending (competing, vying).

水善利万物，"利"字不难翻译，但"善利"呢？就是只"给"不"取"。而"争"有三种译法，第一种是争夺的意思，括弧中的两个译文却是竞争、比赛，所以不如第一种译文恰当。第八章接着说："处众人之所恶，故几于道。"水往低处流，人往高处走，水不和人争地（假如水要和人竞争，看谁行动更快，那就可以用括弧中的两个词），水也不在乎高低，就往人不喜欢的低处流。而"道"则无所谓高低，所以从这一点来讲，水就接近"道"了。这一句可以译成：

Water likes the place where men dislike, so it follows closely the divine law (free from likes and dislikes).

第八章接着谈"善"的七种表现："居善地，心善渊，与善仁，言善信，正善治，事善能，动善时。"居住的地方最好是大家不居住的低地，心最好能像空虚的深渊，给予别人最好出于仁爱，说话最好要有信用，管理最好要秩序井然，做事最好要聪明能干，行动最好不要错过时机。这七种表现可以翻译如下：

The place should be low, the mind broad, the gifts kind, the speech trustworthy, the rule sound, the deed well-done, the action timely.

第八章最后说："夫唯不争，故无尤。"结论是：因为与世无争，所以不得罪人。不和人争地方，不勾心斗角，不患得患失，不言而无信，不争权夺位，不争名夺利，不争功邀赏。结果就没有什么过错。这个结论可以译为：

Without contention, a man is blameless.

这里"不争"用了 contention（争夺）一词。如果改用 competition（竞赛）或 rivalry（竞争），意思就不同了。因为争夺的是成果，竞争却是要出成绩；争夺是"取得"，竞争却是"给予"或"奉献"。一字之差，却相差很远。老子"不争"的原意是"争夺"还是"争取"？可以仁者见仁，智者见智。到了今天，如果要把老子的思想古为今用的话，那么，"不争"的应该是名利，而不是出成绩。如果不争取好成绩，怎么能建设好国家呢？所以即使老子的原意是消极的，我们也可以利用积极的一面，何况它本来就可能有积极和消极两面的解释呢？根据笔者个人的经验，如果没有国内外的翻译论战，恐怕也总结不了中国学派的文学翻译理论。

第九章有些不同的解释，如一开始："持而盈之，不如其已。""持"有人说是"恃"的意思，那就是说，自恃无恐。感到自满，反而不如不自恃好。而蔡志忠在《老子说》中解释说："盛在任何器皿中的水，太满了就要溢出来。"不如"八分满就够了"。把"持"理解为"拿在手里"，那是本义，而且更形象化，可以译成：

Do not hold your fill but refrain from excess!

那就是说，手里拿一杯水不要太满，以免水太多会溢出来。其实就是谦受益、满招损的意思。

第二句："揣而锐之，不可长保。"蔡志忠的解释是："刀锥能用就行了，如果磨得太锐利……锋芒太露，就很容易折断。"他把"揣"理解为"磨"，有人理解为"藏"，可以兼顾翻译如下：

A whetted and sharpened sword (even when hidden), cannot be sharp for ever.

意思是说，磨得锋利的剑（即使藏了起来），也不能永远保持锋利。如不好好保存，反而锋芒外露，那宝剑就更容易损坏了。

第三句："金玉满堂，莫之能守。"这句没有什么不同的解释，三句合起来讲，就是水不能盛得太满，剑不能磨得太锋利，金银财宝不能贪得太多。这句可以译为：

A houseful of gold and jade cannot be safeguarded.

这就是说，一屋子装满了金银财宝，怎么能保证安全，保证没有人来偷盗抢劫呢？

从以上三个例子可以得出什么教训？结论是："富贵而骄，自遗其咎。"无论是水满了，还是剑锋利了，或是金玉多了，如果骄傲起来，那就是自找麻烦。这句译文如下：

Arrogance of wealth and power will bring ruin.

意思是说，不管是财富太多，或者是权力太大，都会带来祸事。总之，就是物极必反。

这是反面的教训，正面的意义呢？第九章最后说："功成身退，天之道也。"古人说："日中则移，月满则亏。四时之运，功成者去。天地尚然，何况人乎？"这就是说，春夏秋冬，四时运行，日出日落，月满月亏，万物春生夏长，万民秋收冬藏，都是自然规律，功成而去，这就符合天道了。
结论可以翻译如下：

Withdrawal after success conforms to the divine law.

成功之后，要退下来，否则，就不能避免物极必反的自
然规律了。外文社《老子》译本认为第五章最后的"多言数
穷，不如守中"应该放在第九章第一句前，有一定的道理。
因为"多言数穷"和"持而盈之"（太多的话和太满的水），
"不如守中"和"不如其已"（话不要太多，水不要太满）
有相通之处，可以参考。

有之以为利，无之以为用

第九章谈到了天道，第十章又来谈人道。第一句说：
"载营魄抱一，能无离乎？"古代"营"和"魂"通用，"营
魄"就是"魂魄"，"魂魄"和阴阳有联系，常说阴魂阳魄、
灵魂体魄，可见灵魂代表精神生活，体魄代表物质生活。
"载"是装载的意思，"抱一"是合而为一，就是说，人既
有肉体又有精神，是灵和肉合而为一的载体，但灵和肉、魂
和魄、精神和肉体，有没有分离的时候呢？这就是人道的问
题了。人道和天道是不是一致？有没有矛盾的时候？这句可
以翻译如下：

1. Could body and soul united never sever?
2. Can you keep body and soul at one with Tao?

第一种译文说：合而为一的肉体和灵魂会不会分离？第二种说：你能不能使灵肉和"道"一致（或合而为一）？据老子说："道"生万物，灵肉都是"道"生，都是按照"道"理生成，所以应该是一致的。第二句说："专气致柔，能如婴儿乎？"晋代王弼注："言任自然之气，致至柔之和，能若婴儿之无所欲乎？"这就是说，集中精力达到柔和，能够像没有七情六欲的婴儿一样吗？换句话说，心灵能像婴儿的肉体一样柔和吗？我们看看两种译文：

1. Can the controlled spirit be softened as a baby's?

2. Can you control your breath like a supple new-born baby?

第一种译文说：控制的精神（心灵）能不能像婴儿的一样柔和？第二种说：你能像柔嫩的新生婴儿一样控制呼吸（气）吗？前者指的是灵，后者指的是肉。这是用婴儿做例子，说明灵肉的柔和关系。第三句说："涤除玄览，能无疵乎？""玄览"（玄鉴）是心灵的镜子，"涤除"是擦掉镜子上的污点，这能使心灵没有瑕疵吗？许啸天《老子》注说："玄览，是说看通了，参通了天地间的真理，使心中没有一点私心遮蔽着，好似皮肤上没有瘢点一般。"可以译成英文如下：

Can the purified mental mirror be free from blemish?

译文把"涤除"理解为"纯洁化",是从正面来说;又把"玄鉴"具体化为心灵的镜子,"无疵"是指肉体的瑕疵。

前三句提出魂魄或灵肉的矛盾、柔和、瑕疵的问题,下面扩大内容,第四句说:"爱民治国,能无为(无知)乎?"一个爱民治国的圣人能不能无为(无知)而治?是无为还是无知?下面看看译文:

1. If you are to love the people and govern the state, can you avoid taking active action?

2. Can you love your people and rule your country without resorting to wisdom?

3. Can a people-loving ruler not interfere in state affairs?

第一个译文说:如果爱民治国,能够避免采取积极行动吗?把"无为"理解为不积极行动。还有一种译文是不采取行动,没用"积极"二字;第三个译文说:一个爱民的统治者能不干预国事吗?把"无为"理解为"不干涉",比前三种译文更加具体。但考虑到下文"明白四达,能无为乎?"重复"无为"不如用"无知",所以还是第二个译文更好。

第五句说:"天门开阖,能为雌(无雌)乎?"这句解释也多。有人按照字面理解,成玄英说:"天门者,心也。雌者,言其主静而和柔也。"也有人说"天门"是指天上的门,"雌"指天下人间的门、心灵之门,心灵之门(人道)应该和天门(天道)同开同阖,天人合一。哪种理解更好?

可以看看译文：

1. When the door of heaven opens and closes, can you remain inactive as a female?

2. Can you remain undisturbed by the cycles of nature?

3. Can the lower doors not open and close as the upper doors in heaven?

第一种译文说：天门开阖时，你能阴柔无为吗？第二种说：自然界天道循环，你能不受影响吗？第三种说：人间的门（人心）不能像天上的门一样开关吗？以词而论，第一种最接近原文，但天门不好懂；第三种"人间的门"不加注也不好理解；还是第二种好懂一点。第六句说："明白四达，能无知（无为）乎？"这句话也有两种版本："无知"和"无为"。"明白四达"和"无知"显然矛盾。没有知识怎能使人明白？所以这里是"无为"更好。译文也有几种：

1. Can you understand all and penetrate all without using your intelligence?

2. Is it possible to understand and make understand without knowledge (by taking no action)?

第一种译文说：不用智慧你能明白一切，深入一切吗？第二种译文说：没有知识（或不行动）可能明白，并且使人明白吗？是否行动好些？最后一段："生之畜之，生而不有，为而不恃，长而不宰，是谓玄德。"马王堆本没有这段，马叙伦认为这段应放下一章之前。主语可能是天，也可是人。说天地生养万物，并不据为己有，所以人也不应强夺天功，引以为傲，领导万物而不主宰万物命运，这就是玄妙的道德，既是天道，也是人道。下面看看两种译文：

1. Tao gives birth to and nurtures all things. It gives birth, but does not possess; it guides, but does not dominate; this is called "mystical virtue".

2. Give life and make live, but lay no claim; benefit but do not interfere; lead but do not rule. Such is mysterious virtue.

第十一章是谈"有"和"无"的。一开始举例说："三十辐共一毂，当其无，有车之用。"辐是车轮上的条木，有点像今天的自行车车轮的钢丝；毂是车轮中心的空轴。车轮的三十根条木连接在车轴上，因为车轴是空心的，中心空无一物，车轮才能转动，车子才能行走。这就是"空"或"无"的作用。这句有几种译文，下面只举两个例子：

1. Thirty spokes radiate from a hub. When there is nothing in the hub, the wheel can roll.

2. To put thirty spokes to form the hub of the wheel; but only when the hub is hollowed can the cart function properly.

第一种是意译，但"无"却是直译，否则就和主题没有联系；第二种是直译，而"无"却是意译，可能更好理解。两种译文各有千秋。

第二句再举做陶器为例，说"埏埴以为器，当其无，有器之用。""埴"是陶土，"埏"是拉长、揉搓的意思，就是说用手揉陶土，做成碗或瓶子等器具，只有碗或瓶子是空的，才能用来盛饭盛水。译文也举两个例子：

1. Clay is kneaded to mould a vessel; the vessel is useful only because of the space within.

2. Turn clay to make a vessel. When empty, the vessel can be used.

"当其无"，第一种译成"内部的空间"，第二种简化为"空"，都是意译。

第三句又举盖房子为例，说"凿户牖以为室，当其无，有室之用。""户牖"就是门窗，建筑房屋，墙上要开窗户，房子空了才能住人。下面再看两个译例：

1. Doors and windows are cut out to form a room, but it is on the interior vacancy that the utility of the room depends.

2. Build a room with doors and windows. When empty, the room can be used as dwelling.

第一个译例把后半说成是"房子的功用要靠内部的空虚",用词文雅;第二个用词一般化。

最后的结论说:"故有之以为利,无之以为用。"从以上三个例子看来,车轮、陶器、房屋的"无",指的都是"空",那"有"指的就是"实"了。可见实物对人是有利的,但是如果没有对立的"空"或"无",实物也不能发挥作用。由此可见老子的辩证思想:有和无,虚和实,利和害,都是相对的,相反相成的。车轮、陶器、房屋等,都要依靠对立的"空"或"无",才能化利为用。这句可以翻译如下:

What is useful will do good, and what seems useless may become useful.

这里把"有"译成"有用",把"无"译成"无用"了。

也议《红与黑》汉译大讨论

　　《外语教学理论与实践》2011年第2期发表了一组关于《红与黑》的文章，第一篇出自南京大学许钧之手，论述"《红与黑》汉译大讨论"的意义。在提要中，作者认为大讨论在文学翻译理论与实践的结合等方面做出了贡献，有积极作用和指导意义。是不是这样呢？我觉得要看讨论的结果如何，才能确定。

　　第二篇文章是上海外国语大学谢天振对《红与黑》汉译大讨论的反思。文章说："至于具体的读者反馈意见和结果，即'直译派'获得大胜，而以许渊冲为代表的'意译派'则落败而归——78.3％的人支持'等值'类（翻译），仅21.7％的人支持'再创造'类（翻译），而读者喜欢的译文依次为：郝运、郭宏安、罗新璋、许渊冲、罗玉君"（谢天振，2011：13）。这个结果有没有积极作用和指导意义？我看先要回答几个问题：第一，"等值"和"再创造"是什么意思？第二，郝运和郭宏安可以算是"等值派"吗？第三，许渊冲"落败而归"了吗？

　　所谓"等值"，一般认为是奈达提出来的翻译理论，他说：翻译是在译入语中用最切近的、最自然的对等语再现原语的信息，首先是语义上的对等。1983年奈达来北京大学讲学时，我们曾经面谈。我认为他的等值论可以应用于西方语文之间的翻译，因为据电子计算机统计，英法德俄等西方国家语文之间，大约90%有对等语，而在中西语文之间，只有45%有对等语，所以用等值论就不容易解决问题。我认为：西方语文之间存在的均势很大（90%），所以互译可以用等值法；中西语文之间的均势不那么大（45%），没有均势的时候，那译入语不是处在优势，就是处在劣势。我认为在均势的情况下，翻译可以用对等语，如果不是均势，那就应该避免劣势，最好是发挥优势。既然找不到对等语，或者是对等语不太自然，那就要用再创法来再现原语的信息，甚至原语的感情，也就是传情达意。这样看来，我提出再创法，并不排斥等值法，无怪乎中山大学王东风说："从奈达对'等值'的定义上看，他的'等值'非但不是许渊冲式的'再创造'的对立面，反而是一回事。换言之，奈达式的等值实际上就是许渊冲的再创造"（王东风，2011：18）。这话只说对了一半，因为我说的"创译"是指，在找得到自然的对等语时就用等值法，找不到时再创造；还要补充一点，即使找得到自然的对等语，如果能够找到比对等语更好的表达方式，那还是要用再创法，这就是我提出的创译和等值法的同和异。如果不了解"等值"和"再创"的基本异同，就来乱加评论，横加指责，那恐怕会犯大错误。

《红与黑》汉译大讨论的组织者有没有了解"等值"和"再创"的意义？他在《文汇读书周报》意见征询表上向读者提出了十个问题，最后一个总结性的问题是："您主张译文与原作的等值，还是对原作的再创造？"这就把等值和再创造完全对立起来了，不知道奈达的"等值"也包含有"再创"的意思（如把"雨后春笋"译成 like mushrooms）。我的"创译"包括找得到对等语时用等值法，但找不到时要用再创法；找得到对等语又能找到比对等语更好的表达方式时，也可以用再创法。下面就来举例说明。

在《红与黑》第四十四章中，于连谈到生死问题的两种译文如下：

> 1. 因此死、生、永恒，对器官大到足以理解它们者是很简单的。
> 2. 就是这样，死亡、生存、永恒，对人是非常简单的事，但对器官太小的动物却难以理解。

第一种是郝运的译文，这能算是等值的译文吗？"器官大到足以理解它们者"是最自然的对等语吗？我看不是。因此，我认为郝运不能代表等值派。第二种是我的译文，我认为郝译不是自然的对等语，所以就用再创造的方法，把郝运的"者"分别译成"人"和"动物"。从形式上看，这不是原文的对等语；但从内容上看，却传达了原文的信息。两种译文哪种更好呢？《文汇读书周报》调查的结果是78.3%读者更喜欢郝译。那是不是说郝译更好？并不一定。因为解放军外国语学院法文系翻译班1995年做了一个调查，比较了郝译和许译，结果90%以上认为许译远远胜过郝译。究竟谁是谁非，那就需要研究了。

《文汇读书周报》提出的第二个问题是："文学翻译应着重于文化交流还是文学交流？"这个问题提得似是而非。文化交流应该是指文学艺术的交流，应该包括文学交流在内，二者基本是一致的，有什么矛盾呢？从上面两个例子看来，提问者大约是把保留原作形式当作文化交流，把传达原作内容当作文学交流了。他认为应该着重保留原文形式，所以认为郝译更好；我认为内容重于形式，"器官大到足以理解它们者"根本不是文学语言，不能传达原作内容，不但不是文学交流，而且也不是文化交流。我们难道要用这种不通的翻译腔来改造我们的文化语言吗？不要！

《文汇读书周报》提出的第三个问题是："翻译外国文学名著，是否应尽量再现原作风格？译者是否应该克服自己的个性，以表现原作者的个性？"什么是原作的风格？什么是译者的个性？这个问题太大，不容易说清楚，只好举例说明。许钧在《文字·文学·文化——〈红与黑〉汉译研究》一书第14页第一段说："郭（宏安）译的成功之处正在于他再现原作的风格上所作的可贵努力和取得的良好效果。"可见他认为郭宏安再现了原作的风格，而我却是不克服自己个性的译者。那下面就来比较《红与黑》第二十一章第十段的两种译文吧。

> 3. 心肠硬构成了外省全部的人生智慧，由于一种恰如其分的补偿，此刻德·莱纳先生最怕的两个人正是他的两个最亲密的朋友。（郭译）
>
> 4. 外省人的处世之道是外强中干，口是心非，现在，报应落到德·雷纳先生头上了，他内心最害怕的两个人却是他原来口头上最亲密的朋友。（许译）

许钧认为郭宏安再现了原作的风格，但原作的风格是这样莫名其妙，叫人不知所云的吗？心肠硬怎么成了人生智慧？害怕朋友怎么成了补偿？而且是恰如其分的补偿？斯汤达会说些这样叫人听不懂的话？连意思都没有理解，还谈什么风格？再比较一下另一种译文，才可以知道"心肠硬"原来是指"外强中干，口是心非"。"人生智慧"原来应该是说"处世之道"，"补偿"应该改成"报应"，没有理解原文，是不可能再现原作风格的。许钧认为我没有克服自己的个性，随意增加文字。但"口是心非"是随意增加的吗？不增加"口是心非"，那和下文的内心害怕、口头亲密有什么联系呢？可见我加词不是表现自己的个性，而是更清楚地表达原作的内容。从这个例子可以看出许钧对风格的看法是错误的。

前面引用奈达的话说：对等语首先是语义上的对等，其次是风格上的对等。郭宏安的译文（如"补偿"）连语义上的对等都没有做到，哪里谈得上风格对等呢？郝运的译文（如"大到足以理解它们者"）虽然不能说语义上不对等，但是风格上又很不自然。所以两个译者都不能算是等值派的代表。而许钧却认为读者喜欢他们的译文胜过再创派的译文，这个结论根据不足，是错误的。下面我们再来看其他问题。

《文汇读书周报》提出的第四个问题是："文学翻译语言应该带有'异国情调'，还是应该完全归化？"这不是一个应该不应该的问题，而是一个读者喜欢不喜欢的问题。喜欢是因人而异的，不是一件应该做或不该做的事情。提问者为什么要用"应该"呢？这也暴露了他的水平和他内心的思想。他想赢得读者支持他的观点，就把主观的爱好说成客观的责任了。其实，归化和异化是一个程度的问题。用译入语就是最起码的归化，讲外国的事就是起码的异化。带有异国情调的对立面不是归化，而是纯粹的译入语。郝运的"器官大到足以理解它们者"不是"异国情调"，而是洋泾浜中文；郭宏安的"一种恰如其分的补偿"既不是异国情调，也不是完全归化，而是和原文语义不对等的误解。提问者本人喜欢洋泾浜中文，就用好听的字眼来美化错误的译文了。现在再看下面的问题和译例。

第五个问题是："有人认为文学翻译首先应该求精彩而不应该求精确，您认为对不对？"精彩和精确是罗新璋提出来的，但他的原话是："精确，非精彩之谓。"这只是说精确的译文不一定精彩。提问者为什么要歪曲成"首先应该求精彩"呢？罗新璋还说了："精彩未必不精确。"这也只是说精彩的译文也可能是精确的。提问者为什么要歪曲成"不应该求精确"呢？罗说的分明是精彩的译文不一定不精确嘛。下面再举《红与黑》第四十五章倒数第十二段的两种译文为例。

5. 我有好几次跟你讲过，夜里躲进这个山洞，极目远眺法国那些最富庶的省份，野心燃烧着我的心，那时候这就是我的激情……总之，这个山洞对我是很珍贵的，不能不承认它的位置令一个哲学家的灵魂羡慕不已。

（郭译本第477页）

6. 我对你讲过，多少个夜晚我藏在这个山洞里，我的眼睛远望着法兰西的锦绣山河，雄心壮志在我心中燃烧；那时，我的热情奔放……总而言之，那个山洞是我钟情的地方，它居高临下，哪个哲学家的灵魂不想在那里高比较一下两种译文，就可以发现第一种译文精彩的文字不多，不精确的文字却不少。第二种译文不但是精彩的地方比第一种多，而且第一种译文中不精确的地方，第二种也改过来了。这段译文是于连对一个第一次到山洞中来看望他的朋友所说的话，既然是第一次来，怎么可能讲过好几次呢？所以"好几次"不是修饰"讲过"，而是修饰"藏躲"的。因此，第二种译文不但比第一种精彩，而且更精确。"极目远眺"怎能看到几个"省份"呢？这里 provinces 就不是省份，而是泛指外地了，所以译成"锦绣山河"不但精彩，而且比郭译更精确。"野心"有贬义，"野心"怎能"燃烧我的心"呢？这又不是纯粹的中文，"雄心壮志"却既精彩又精确。"热情奔放"、"居高临下"、"高枕无忧"都是一样，这里就不重复解释了。

第六个问题是："有人认为文学翻译可多用汉语四字词组，您的看法如何？"用四字词组使译文精彩，但并不见得不精确，如（第一章第三段）：

> 7. 这种劳动看上去如此艰苦，却是头一次深入到把法国和瑞士分开的这一带山区里来的旅行者感到惊奇的劳动之一。（郝译）
>
> 8. 这种粗活看来非常艰苦，头一回从瑞士翻山越岭到法国来的游客，见了不免大惊小怪。（许译）

"翻山越岭"非常精彩，以少许胜多许；"大惊小怪"

更加精确。

第七个问题是："文学翻译是否应该发挥译语优势，超越原作？"发挥译语优势就是选最好的译语表达方式，如第8例的"翻山越岭"，第4例的"报应落到市长头上"。前者胜过原作，后者胜过郝译。译文一般不能超越原作，如能胜过，岂不更好？提问人把超越原作当作发挥译语优势的目的，那就歪曲了发挥优势或优化的原意。

第九个问题是："您喜欢与原文结构比较接近，哪怕有点欧化的译文，还是打破原文结构，纯粹汉化的译文？"这个问题其实是直译和意译的矛盾，关键是欧化到什么程度，与原文结构接近到什么程度的问题。如第1例"对器官大到足以理解它们者"是"有点欧化"还是有点硬译呢？我看不只是有点欧化，而完全是硬译的产物。提问者把硬译说成是有点欧化，于是就把风格和原文不对等的郝译，又把语义和原作不对等的郭译（如把"报应"译成"补偿"，"雄心"说成"野心"等）都说成是等值派，取得读者的信任，结果读者果然喜欢等值的郝郭多于再创的罗许。但郝译和郭译都不能代表等值派，如果说多数读者喜欢郝郭等值派译文，这个结论还要研究。下面我们再来看再创派的许译是如何受到批评的。

《二十世纪中国翻译文学史》第224—225页上说：赵瑞蕻认为许渊冲的一些译法发挥过当，"比如第一章一开头，就用了'山清水秀，小巧玲珑'这两对四字成语，我看就是不可取的，原文没这个意思。""第二章市长说：'我喜欢树荫'（J'aime l'ombre），为什么许先生会译成'大树底下好乘凉'呢？""最后那一句'elle mourut'许先生译作'魂归离恨天'，《红楼梦》里的词句都上去了，何不再加一句'泪洒相思地'呢？原文里就是'她死了'"。

第一章一开头，郭宏安的译文是"维里埃算得弗朗什-孔泰最漂亮的小城之一"。"最漂亮的小城"使人看到的只是漂亮的城市房屋，并不包括城外的山水在内。而第一章接着就描写了蜿蜒的杜河和巍峨的韦拉山，所以译成"山清水秀"，不但精彩，而且比郭译精确，因为郭译只使读者看到小城的建筑，而原文的漂亮却是包括山水在内的。这样既精彩又精确的译文为什么"不可取"呢？第二章市长带着高傲的口气说：J'aime l'ombre，如果只按照字面译成"我喜欢树荫"，那口气有什么高傲呢？原文接着又有几句市长自比大树的语言，说明市长高傲地把自己比作保护市民的大树。那么，用再创法把这句译成"大树底下好乘凉"，不是既精彩又精确，表现了市长的高傲吗？为什么脱离了原文形式而表达了原文内容的译文应该受到批评呢？最后一句市长夫人含恨而死，如果只译成"她死了"或"去世"了，那表示的是正常死亡，会给读者留下错误的印象。而如果要表现女主角含恨而死，还有比"魂归离恨天"更能"余音绕梁，不绝于耳"的吗？

"魂归离恨天"还受到了施康强的批评。《二十世纪中国翻译文学史》第221页上说："许渊冲说到的临摹原作的模特，施康强以为并非易事。'假如斯汤达心目中有于连、索纳尔夫人和玛蒂尔德的原形，许先生想必没有见过他们，即使他的工具更称手，又何从临摹起？除非"想当然尔"'。施康强还不无讽刺地来了一句'译'者'臆'也。"施康强的讽刺不禁使我想起了庄子和惠子看鱼的故事。庄子说到游鱼之乐，惠子却说：你不是鱼，怎么知道鱼乐？庄子则反驳说：你不是我，怎能知道我知不知游鱼之乐呢？想不到两千年前的往事，今天还有现实意义。我的确没有去过维里埃（玻璃市），其实，斯汤达本人也没有去过，因为这是个虚构的小城。但我在《红与黑》电影中见过演市长夫人的女明星，也就可以"如见其人"了。这虽然可以说是"想当然尔"，但是总比"学而不思"高出一头吧！

"学而不思"的人看来不少。韩沪麟批评我不该把"漂亮"美化为山清水秀、小巧玲珑，他自己却把"漂亮"的原文 jolie 看成是 belle，不知道 jolie 和 belle 的不同，正是前者带有小巧玲珑的意思。还有一位现已去世的语言学家，没有翻译过什么文学名著，居然也表示反对"魂归离恨天"。还有一位俄文翻译家，并不懂法文，却也要说郝运是最好的翻译家。这样锣鼓喧天地对再创派进行了围剿。但是炮声隆隆，并没有杀伤力的是已故的文联作协负责人冯亦代，他在1995年香港翻译学术会议上说我有五大罪状：1. 四字词组，文坛遗少；2. "魂归离恨天"，偷窃《红楼梦》；3. 提倡乱译，千古罪人；4. 强加于人，恶霸作风；5. 王婆卖瓜，自卖自夸。这样铺天盖地的围剿"创译"，无怪乎《翻译文学史》第235页上说："这样一次大规模的争议，其中折射出来的根本问题，是中国翻译研究的落后"。（文联《中国艺术报》2011年9月21日已经平反）

中国翻译研究怎么落后呢？据许钧说："中国当代翻译理论研究，认识上比西方起码要迟20年。"（转引自谢天振：《对〈红与黑〉汉译大讨论的反思》，载《外语教学理论与实践》，2011年第2期）为什么落后呢？谢文又谈到：因为

"讨论的核心就是解决'怎么译'的问题，或者说得更具体些，也就是'怎样译才能译得更好'的问题。"王东风在同期第22页上说：许钧的大调查"先进之处，是吸取了在当时来说正处于国际翻译研究前沿的一种研究方法，即对翻译采取一对多式的比较研究，即对同一原著的不同译本之间展开所谓的'译本研究'，考察译本之间的差异及其背后的文化成因……那场调查可以说是中国翻译研究之文化转向的第一炮。""此外，许钧的调查报告中把翻译与文化、政治和社会相联系，这在当时的中国翻译学界也同样是相当超前的……"这就是说，中国翻译研究落后，因为还在研究"怎么译"的问题，而所谓许钧和国际研究的先进，是因为他们把翻译和文化、政治和社会联系起来了。对不对呢？在我看来，翻译研究主要应该是研究"怎么译"，翻译和文化、政治、社会的关系，无论如何，也只不过是处在次要的地位。如果研究了翻译和文化等的关系，结果却是把坏译文说成好译文，如许钧调查的结果那样，把风格不对等的郝译和语义不对等的郭译，说成是得到读者欢迎的译文，那无论如何，也是颠倒黑白、混淆是非的结果，是翻译界的冤假错案。

幸亏十五年后，2009年赵稀方在《二十世纪中国翻译文学史》第235页开始为这一假案平反。他说："沸沸扬扬的'《红与黑》事件'所争议的似乎是一个假命题。"但是在同一页，他又说道："事实上'精确'与'精彩'都是许渊冲提出来的，据许渊冲看来，它们是翻译的不可分割的部分。"对不起，"精确"和"精彩"不是我，而是罗新璋提出来的，我不过是引用而已，不敢掠人之美。我也不认为"它们是翻译的不可分割的部分"，正相反，我认为文学译文在做不到精确的时候，应该力求精彩；即使能够做到，如能找到更精彩的译法，那也可以用精彩来取代精确。

因为中西语言之间的差异，西方翻译家和译论家如果不懂中文，无论如何提不出解决中西互译问题的理论，所以直到今天，没有一个西方翻译家用当代的中文出版过一本文学名著。这就是我和奈达的异同，也是我的译论能超越奈达的原因。如果按照奈达的等值论，赵瑞蕻批评我《红与黑》中的三句，只要译成"漂亮的小城"，"我喜欢树荫"，"市长夫人去世了"，也就可以算是"等值"。但是严格说来，"漂亮的小城"不包括山水，"我喜欢树荫"不表示高傲，"夫人去世了"不表示含恨而死。所以我要求的等值，比奈达的等值可能要高一级，这是我和奈达的同中之异，这也许是赵稀方没有看到的吧。许钧和施康强都认为"魂归离恨天"不合乎原作者的风格。风格的问题主观性很强，但是"去世"并不表示"含恨而死"，奈达认为语义是第一位的，风格是第二位的，所以语义比风格更重要。英国桂冠诗人艾略特（钱锺书译为"爱利恶德"）说过：个人的风格远远不如民族的文化重要。而含恨而死的文化内容决不是"去世"可以表达的。总而言之，"魂归离恨天"等三个译例说明再创论比等值论更能解决中西互译的问题，而没有中西互译的实践，是提不出解决问题的理论的。

那么，许钧主持的在《文汇读书周报》上进行的大调查，为什么得出的结论是读者更喜欢"等值"的，而不是"再创"的译文呢？这有几个原因。首先，许钧不是从实践中得出理论，而是先有结论，再去实践中找支持的。其次，《文汇读书周报》在调查前，已经发表了几篇支持"等值"、反对"再创"的文章，使读者先有了偏见。据许钧告我：在六句调查的译文中，喜欢"山清水秀"和"魂归离恨天"两句的几乎是零。其他四句，则"等值"和"再创"的界限并不分明。因此，我的译文是以四句的得分和别人的六句进行比较的，这种调查结果很不公平。还有，我问许钧每句的得分情况，许钧却说没有统计。这样的调查能够说明我失败了吗？

最近，上海外国语大学英语博士生曹迎春写了一篇研究"再创论"的论文，是关于《牡丹亭》的许译和白之（Cyril Birch）英译本的对比研究（即将发表）。文中比较了一段《诗经》的英译和注释。原文和两种译文如下：

1. "关关雎鸠，在河之洲。窈窕淑女，君子好逑。"（好者好也，逑者求也。）

2. 许译：By riverside are cooing

A pair of turtledoves

A good young man is wooing

A fair maiden he loves.

("Cooing" is the soft sound made by the gentle birds and "wooing" is winning over by saying or doing nice things.)

3. 白译：Guanguan cry the ospreys

on the islet in the river.

So delicate the virtuous maiden,

a fit mate for our Prince.

("Fit," that is to say, "fit"; "mate," that is to say, "seeking".)

　　白译可以说是字面翻译；许译却是再创造或创译，说"一对斑鸠鸟，河边咕咕叫。青年追少女，定要把她追到手。""关关"是斑鸠的叫声，"述"是用美好的言语行动来追求。白译还原大约是说：水鸟关关叫，在河中小岛上。如此美妙的贤惠少女，是王子合适的伴侣。

　　曹迎春也向上海外国语大学四十个外国教师和留学生做了调查，征求他们对两种译文的意见，回收到三十五份答案，全说许译胜过白译。这说明如果调查方法正确，结果也就正确。许钧方法不对，结果也就不正确了。所以他说郝译、郭译胜过罗译、许译，这个结论是不可信的。

　　再举一个例子。中国留美学者都森出版了一本《古韵新声》，我在代序中比较了王维诗《观猎》的两种英译。第一句"风劲角弓鸣"，写大风劲吹，但猎人弯弓射箭的响声却盖过了劲吹的大风。这个"鸣"字，美国哈佛大学欧文（Owen）教授译成 sing（唱歌），虽然不能算错，但是比起再创派的英译文 ring louder（响声更加嘹亮），就显得水平低了一个档次。由此可见创译无论是中英或中法互译，无论是散文或诗，小说或戏剧，都胜过了西方的直译。不但是实践，在理论上，创译也是更加先进。为什么呢？

　　《第18届世界翻译大会论文集》第392页有一篇《中国学派的文学翻译理论》，论文说明中国译论源自孔子思想，比西方的西塞罗（Cicero）还早四百年，而"再创论"的根据就是《论语》中说的"从心所欲不逾矩"。朱光潜说：这是"一切艺术的成熟境界",自然也是翻译艺术的最高境界。"从心所欲"是创译的充分条件,就是发挥主观能动性,优化创新,进入自由王国;"不逾矩"却是翻译的必需条件,只要不违反规律,切近自然就行,这只是在必然王国奋斗。中国的再创论或优化论(Excellence)已经进入自由王国,西方的对等或等值论(Equivalence)还在必然王国挣扎。这说明中国译论不但不落后于西方二十年,反而比西方先进了两千多年。我们认为民族文化高于个人风格,这种创新译论是新世纪中国建成文化强国的先声。

(原载《外语教学理论与实践》2012 年第 2 期)

再谈中国学派的文学翻译理论

（一）

2011年冬，胡锦涛主席提出建设社会主义文化强国的号召。今年1月，五洲传播出版社在国内外同时出版了我翻译的十四部汉英对照中国经典名著，包括哲学经典《论语》和《道德经》，文学经典《诗经》和《楚辞》，文学中的诗词包括《唐诗三百首》、《宋词三百首》、《元曲三百首》，选集还包括《汉魏六朝诗选》、《唐五代词选》、《宋元明清诗选》，戏剧则包括元代的《西厢记》、明代的《牡丹亭》、清代的《长生殿》和《桃花扇》。这样，中国历代的主要经典著作，除小说四大名著《三国演义》、《水浒传》、《西游记》、《红楼梦》已由外文出版社出版外，散文、诗词、戏剧的十四部重要作品列入中国文化著作翻译出版工程项目，同时出版。每本译著都有一篇后记，题目是"中国学派的文学翻译理论"，说明这套丛书都是根据中国译论翻译出版的。

其实，"中国学派的文学翻译理论"并不是今年才提出来的。早在2005年河南文心出版社出版的《译笔生花》中以及2008年在上海召开的第18届世界翻译大会上，我已提出有关"中国学派"的论文，并且收在《第18届世界翻译大会论文集》中（第392—397页）。为什么说是中国学派的文学翻译理论呢？因为文学翻译理论本身和研究理论的方法，都源自两千五百年前老子和孔子的思想。《道德经》第八十一章中说："信言不美，美言不信。"应用到文学翻译上来，可以说老子早在两千五百年前，就指出了文学翻译的矛盾，主要是"信"（或"真"）与"美"的矛盾，这就是文学翻译理论中的"矛盾论"，可以算是"本体论"。因为解决了"信"和"美"的主要矛盾，就解决了文学翻译的主要问题。

如何解决这个矛盾呢？《老子》第一章中说："道可道，非常道；名可名，非常名。"第一个"道"是道理、理论、真理的意思；第二个"道"是动词，是"说道"或"知道"的意思；"常道"却是大家常说的道理。这就是说，道理是可以知道的，理论是可以说得出来的，但不一定是大家常说的道理。应用到翻译上来，那就是说，翻译之道或翻译理论是可以知道或者说出来的，但并不是只说得出来而经不起实践检验的空头理论。"非常道"的第一个意思是反对空头理论，这可以说是中国学派的"实践论"。第二个意思是应用到文学翻译上来，"常道"可以指科学翻译理论，这就是说，指导文学翻译的理论并不是科学理论，因为科学是不依人的主观意志为转移的，而文学翻译却和人的主观思想有密切关系，因此，文学翻译理论与其说是社会科学理论，不如说是人文学科或艺术理论。这是中国学派的"艺术论"。接着，老子从"虚"到"实"说道："名可名，非常名。"第一个"名"其实是"实"或事物的意思，这就是说，天下的万事万物都是可以有个名字的，但是名字只是一个符号，并不等于实物。应用到翻译上来，可以有两层意思：第一层意思是原文的文字是描写现实的，但并不等于实物或现实，文字和现实之间还有距离，还有矛盾。第二层意思是译文和原文之间也有距离，也有矛盾，因此译文不可能等于原文，或百分之百地忠实于原文，但译文和原文所描写的现实之间的距离，不一定大于原文和现实之间的距离。这一点非常重要，因为两种语文总是各有优点和缺点的，如果能够发挥译文的优势，用译语最好的表达方式来描写原文所表达的现实，那译文虽不能等于原文，却是可能比原文更接近现实的，这样一来，译文就胜过了原文，比原文更忠实于现实了。这是中国学派文学翻译理论中的"认识论"。根据这个认识，译文是有可能超越原文、胜过原文的，那就是中国学派的"优化论"或"发挥优势论"。

上面是根据老子的学说提出的中国学派文学翻译理论的"本体论"和"认识论"。那么，根据孔子的学说又可以得出什么结论呢？《论语》第一章第一句就是："学而时习之，不亦说（悦，乐）乎？"第一个"学"字指学习或得到知识，"习"字指学习或实践。"说"字和"悦"或"乐"同音，就是愉快、快乐、幸福的意思。这就是说，得到了知识，并且能付之实践，那不是很愉快的吗？联系到文学翻译上来，可以说是得到了感性知识，并且上升为理性认识，再用实践来检验理性知识（理论）是不是正确。这不是很愉快的吗？这一句话提出了文学翻译的"实践论"。文学翻译的知识来自实践，没有翻译的实践，不可能得到翻译的知识；文学翻译的理论是理性认识，不但是来自实践，还要经过实践的检验，才能证明理论是不是正确。这句话非常重要。世界上的语言很多，翻译种类也一样多，一个人不可能全部都有实践经验，只能选择几种最重要的、有代表意义的语文进行研究。现在世界上有13亿人用中文，还有8亿多人用英文，中文和英文是世界上用得最多的语言，也是最重要的两种语文。其次，中文和英文之间的差距很大，因此代表意义也很大。据电子计算机统计，英法德俄西等西方国家的语文之间的差异不大，两种语文之间约有90％可以找到对等词，而中文和英文之间的差距却大得多，据统计只有40％多的对等词，因此，只研究西方文字之间的翻译不可能得出有重要国际意义的翻译理论。只有能进行中英互译的译者才有可能解决这个问题。我说互译，那就是说，既能够把英文文学作品译成中文又能把中文文学作品译成英文，因为这两种能力并不是一样的。没有这两种能力，不但不能进行两种语文的互译，也不太可能进行这两种语文之间的翻译研究。由此可见，中国学派的"实践论"对文学翻译理论的研究多么重要。

除了"实践论"外，《论语》第二章中提到了"从心所欲不逾矩"的问题。朱光潜在《诗论》中认为这是"一切艺术的成熟境界"。前面提到，文学翻译不是科学而是艺术，所以这也是文学翻译的成熟境界。"不逾矩"就是不超越客观的必然规律，"从心所欲"却是充分发挥主观能动性。"不逾矩"是科学，"从心所欲"是艺术；前者求真，是不依人的主观愿望为转移的，是必然王国的规律；后者求美，是人根据主观愿望制定的，是自由王国的规律。科学规律是因为正确才得到承认，艺术规律却可以是得到承认才算正确。"不逾矩"是科学规律，应用到文学翻译上来只是消极条件、初级条件，只能保证译文不错，不能保证翻译得好。"从心所欲"才是艺术规律，才是积极条件、高级条件。只有按照艺术规律充分发挥译者的创作才能，才有可能译出佳作。如以中英互译而论，在找得到对等词的40%多的译文中，可以用对等词，也可以用比对等词更好的译语词汇。在找不到对等词时，那就尽量找出最好的译语词汇。这就是中国学派的"艺术论"。

从老子的本体论（或矛盾论）、认识论（或优化论）和孔子的实践论（或方法论）、艺术论看来，两人的思想是相通的，是可以互相补充的。如根据老子的矛盾论看来，可以说文学翻译的主要矛盾是"信"与"美"的矛盾；而根据孔子的艺术论看来，则可以说主要是科学和艺术的矛盾，科学求真，艺术求美，所以和老子的说法基本一致。如何解决这个主要矛盾呢？老子说："道可道，非常道"，应用到文学翻译上来，可以说翻译之道，不一定是大家常说的"对等"之道（常道），而可能是创新之道、优化之道。"名可名，非常名"则更进一步说原文并不等于现实，译文也不等于原文，但是译文确有可能比原文更接近现实，因此可能超越原文，胜过原文。这是从老子的认识论中得出的结论。孔子又是如何解决"真"与"美"的矛盾的呢？孔子说"从心所欲不逾矩"。"不逾矩"是不违反客观规律，是求真，是消极因素，是低标准，是有之不必然、无之必不然的条件；"从心所欲"是要发挥主观能动性、创造力，是求美，是积极因素，是高标准，但却是有之不必然、无之不必不然的条件，因为译者即使发挥了主观能动性，译文也不一定就能够"美"。这从消极方面补充了老子的说法。其实根据老子的说法，译文也只是有可能胜过原文，并不一定能胜过原文，所以和孔子的说法也并不矛盾。孔子解决矛盾的方法是：在不违反客观规律的条件下，尽量发挥主观能动性，求得既真又美的译文。自然"真"和"美"都是相对的，下面再来详细说明。

《论语》第六章中说："知之者不如好之者，好之者不如乐之者。"应用到文学翻译中来，"知之"就是知道、理解，"好之"就是爱好、喜欢，"乐之"就是感到愉快、乐趣。意思是说：译文要使读者知道原文说了什么，这是译文的最低要求；其次要使读者喜欢译文，这是中等要求；最后译文要使读者感到乐趣，这是最高要求。结合孔子的艺术论来说，"不逾矩"的译文可以使读者"知之"，"不逾矩"而又巧合的译文可以使人"好之"，从心所欲，发挥了译语优势的译文也可以使人"好之"，而充分发挥了译语优势的译文却可以使人"乐之"。知之、好之、乐之，都和读者的水平有关。艺术水平越高，欣赏能力越强。但是艺术水平和欣赏能力都是主观问题，个人爱好兴趣不同，好之和乐之的情况也不尽相同。所以只能说好之和乐之的读者越多越好，至少是译者要能自得其乐，引起读者的共鸣则多多益善。知之、好之、乐之，这"三之论"可以算是文学翻译的"目的论"。这个目的论和西方提出的目的论大不相同。西方的目的论谈论的是为什么人翻译，研究的是译者和出版者以及读者的外在关系，"三之论"研究的却是译文和读者的内在关系。

以上谈的是中国学派文学翻译理论的源头活水，总结起来有下列几论：1. 本体论或矛盾论，2. 认识论，3. 方法论或实践论，4. 艺术论或优化论，5. 目的论或"三之论"。有意思的是，中国学派的思想流传了两千五百年，到了20世纪，毛泽东又提出了哲学上的实践论和矛盾论，可见中国学派的思想一脉相承，源远流长。

（二）

关于翻译理论后来的发展，鲁迅说过："中国之译佛经，汉末质直……六朝真是'达'而'雅'了……唐则以信为主……"（见罗新璋《翻译论集》第2页）罗新璋接着说"这段话大致隐括当时直译、意译和新译等三种译派"。这就是说，"信"和"美"发展成为直译和意译的矛盾，结果就有了新译。

关于直译和意译，1978年我在《翻译的艺术》第8页上说过："直译是把忠实于原文的内容放在第一位，把忠实于原文的形式放在第二位，把通顺的译文形式放在第三位的翻译方法。意译却是把忠实于原文的内容放在第一位，把通顺的译文形式放在第二位，而不拘泥于原文形式的翻译方法。"至于新译呢，那时没有想到，也不知道罗新璋的原意，现在在我看来，新译是把忠实于原文所写的现实放在第一位，把最好的译语表达方式放在第二位，把忠实于原文形式放在第三位的翻译方法。如果原文的文字内容和所写的现实一致，通顺的译文形式就是最好的译语表达方式，那新译和意译的差别不大。如果二者之间有矛盾，或者原文的内容本身就不清楚，通顺的（或对等的）译文形式不能表达原文的内容或原文文字所写的现实，这时译者就要选择最好的译语表达方式，来译出原文的内容或文字所写的现实。这个问题在西方文字互译的时候，因为两种文字有90%以上可以找到对等词，所以不难解决；但在中西互译的时候，两种语文只有40%多可以对等，那翻译的困难就要大得多。所以说，不能进行中英互译的人，不能解决国际间最重要的翻译问题，也提不出解决问题的理论。下面就来举例说明。

《诗经》中有四个"千古丽句",那就是《小雅·采薇》中的"昔我往矣,杨柳依依。今我来思,雨雪霏霏。"这四句是什么意思? 应该如何译成英文? 我们先来看看《大中华文库·诗经》中的译文:

> When I set out so long ago, (在我很久以前离开的时候)
> Fresh and green was the willow. (杨柳青新)
> When now homeward I go, (现在我回家去)
> There is a heavy snow. (雪下得大)

这个英译有没有译出原文的内容呢? 原文"杨柳依依"是不是"清新"或"青新"的意思呢? 这就要研究原文所写的现实了。原文四句是写古代人民反对战争、热爱和平的名句,当人民被迫去打仗的时候,连杨柳都舍不得他去,所以"杨柳依依"是依依不舍的意思,是借景写情的名句。回来的时候现实情况又如何呢? 原文的后四句是:"行道迟迟,载渴载饥。我心伤悲,莫知我哀。"那就是说,战士回来时已经给战争压垮了,走路很慢,又饥又渴,心中悲伤,没人了解。那杨柳呢,树也给大雪压弯了枝丫。这才是"千古丽句"描写的情景交融的现实。《大中华文库》的译文有没有传情达意呢? 再看中国对外翻译出版公司的译文:

> When I left here,
> Willows shed tear.
> I come back now,
> Snow bends the bough.

新译说战士离家时杨柳流泪。杨柳怎么会流泪呢？因为英文把"垂柳"说成是 weeping willow（哭泣的杨柳），译成"流泪"，正好合乎英文的说法，"泪"字用了单数，表示不是真正的具体的眼泪，而是抽象的悲哀的象征。战士回家时给战争压弯了腰，杨柳也给大雪压弯了枝丫。这也是根据现实来翻译"霏霏"二字的。这两个词在英文中没有对等词，如果只像《大中华文库》那样译成通顺的"雪下得大"，怎能算是"千古丽句"呢？

新译选择了最好的译语表达方式，这就是孔子说的"从心所欲"，新译又写出了原文文字所写的现实，这便是孔子说的"不逾矩"，所以说新译是中国学派的译文，能够解决中英两种语文之间没有对等语的问题。现在，我们来看看中国学派的文学翻译理论是如何发展的。

1898年，严复在《天演论》译例言中提出了"信达雅"的翻译原则，就是继承发展了老子"信"与"美"的矛盾论，不过把"美"改为"雅"了。"信"是"不倍（违背）原文"，就是孔子的"不逾矩"，"雅"却是"用汉以前字法句法"，可以算是"从心所欲"，但是不是"不逾矩"？答案就不同了。我们来看看林纾"信达雅"的译文，并且和董秋斯的直译，还有张谷若的意译进行比较，就可以看出直译、意译和新译的高下。先看狄更斯 *David Copperfield*（《大卫·科波菲尔》）第一章第一段最后一句：

1. It was remarked that the clock began to strike, and I began to cry, simultaneously.

2. （林译）闻人言，钟声丁丁时，正吾开口作呱呱之声。

3.（董译）据说，钟开始敲，我开始哭，两者同时。

4.（张译）据说那一会儿，当当的钟声和呱呱的啼声恰好同时并作。

比较一下三种译文，可以说董的直译"不逾矩"，但是没有"从心所欲"，尤其是最后的"两者同时"毫无文学气息，可以说是败笔。张的意译加了"当当"和"呱呱"两个形声词，这是"从心所欲"但"不逾矩"，不过最后六字也是败笔。倒是林译加了"丁丁"和"呱呱"两个词，却没有董、张的败笔，可以算是实现了孔子的艺术思想。不过他的文言到了今天，可以改成白话如后：听人家说：钟声当当一响，不早不晚，我就呱呱坠地了。

一个例子不够，再举一个例子。《大卫·科波菲尔》第四章写到大卫在母亲和继父的监视下背不出书时，继父说：

1. He knows his lesson; or he does not know it.

2.（林译）彼能背则背之，不能背则已。

3.（董译）他或是知道他的功课，或是不知道。

4.（张译）他会念了就是会念了，没念会就是没念会。

原文 know one's lesson 是"背书"的意思，直译成"知道他的功课"或意译成"会念"，都不如林译的"背"字，林译翻成白话就是：他背得出就背了，他不过是背不出而已。这是林译胜过直译和意译的地方。自然，林译也有"逾矩"的地方，结果出了不少误译，受到鲁迅等的批评。

鲁迅批评误译，所以支持直译，但是他也说过，如果有比直译更好的译文，他也支持新译。更重要的是，在老子指出"信"与"美"的矛盾之后，他提出了中国文字的"三美"："意美以感心，一也；音美以感耳，二也；形美以感目，三也。"这"三美论"丰富了老子理论的矛盾论，应用到文学翻译上，又可以丰富翻译理论。如上面提到的《采薇》的两种译文，以意美而论，第一种依据文字，第二种依据文字所写的现实，更有意美；以音美而论，第一种的willow 重音在前，ago 重音在后，不算押韵，不如第二种音美；以形美而论，第一种四句的音节是8、7、6、6，不如第二种四句都是4个音节整齐。"三美论"说明中国学派的第二种译文胜过了第一种。

鲁迅批评过严复和林纾，郭沫若却一直"主张以严复的信达雅作为翻译的标准"，并且说过："……在信达之外，愈雅愈好。所谓'雅'，不是高深或讲修饰，而是文学价值或艺术价值比较高。"（见罗新璋《翻译论集》第9页）例如雪莱《西风颂》中的最后几行：

1. Be through my lips to unawakened earth

    The trumpet of a prophecy! O wind,

    If Winter comes, can Spring be far behind?

2.（郭沫若译）请你从我的唇间吹出醒世的警号——严冬如来时，哦，西风哟，阳春宁尚迢遥？

3.（丰华瞻译）

    请把我的醒世预言，传播到地角天涯！

    哦，西风啊，冬天来了，春天还会远吗？

比较一下两种译文，可以看出郭译的"严冬"、"阳春"、"迢遥"都很高雅。丰译的"醒世预言"和"地角天涯"也很高雅，最后一行却文学价值较高。所谓文学价值高，就是运用了最好的译语表达方式。最好的表达方式是随着时代前进的。如"迢遥"虽然高雅，今天看来已经是古雅了，所以不如改为"遥远"或者就是一个"远"字。由此可以看出中国学派的文学翻译理论是如何发展前进的。郭沫若后来也说过："好的翻译等于创作，甚至还可能超过创作。"（见《翻译论集》第498页）《采薇》中的"杨柳依依"和"雨雪霏霏"，译成英文 Willows shed tear, / Snow bends the bough，译成法文 Le saule en pleurs, / La neige en fleurs，也可以算是创译。

同时，茅盾在1954年全国文学翻译工作会议上说："必须把文学翻译工作提高到艺术创造的水平"。在报告中他解释说："文学的翻译是用另一种语言，把原作的艺术意境传达出来，使读者在读译文的时候能够象读原作时一样得到启发、感动和美的感受。"又说："翻译的过程，是把译者和原作者合而为一，好象原作者用另外一国文字写自己的作品。这样的翻译既需要译者发挥工作上的创造性，而又要完全忠实于原作的意图"。这对艺术价值的解释更加具体。首先要把译者当作作者，问自己会用什么译语来写这部作品。其次又要把自己当作读者，问自己读后有什么感受，有没有感动？简单说来，就是译者要和作者、读者"三合一"。如果要举例子，上面说的《采薇》的英译、法译都是我的作品，我觉得假如我是作者，我会这样翻译；作为读者，我也会受感动。但是《大中华文库》把"杨柳依依"说成杨柳青新，把"雨雪霏霏"说成雪下得大，我却没有怎么感动。这是说自己的译作。别人的译作呢，我想举莎士比亚的 *Romeo and Juliet*（《柔密欧和幽丽叶》）最后两行曹禺和朱生豪的译文为例：

> 1. For never was a story of more woe
>   Than this of Juliet and her Romeo.
> 2. （曹译）人间的故事不能比这个更悲惨，
>   像幽丽叶和她的柔密欧所受的灾难。
> 3. （朱译）古往今来多少离合悲欢，
>   谁曾见这样的哀怨心酸！

曹是直译，用的基本是和原文对等的文字；朱是雅译或者新译，用的是最好的译语表达方式。我在北京大学讲翻译课时征求学生意见，结果绝大多数说朱译好，能感动人，也可以说是达到了艺术创作的水平罢。

巴金也支持茅盾的艺术创造的说法，例如他说："真正的'忠实'，应该是保存原作的风格，而不是保存外国文句的构造。""流畅或漂亮的原文应该都被译成流畅或漂亮的中文。一部文学作品译出来也应该是一部文学作品。"（见《翻译论集》第551页）

（三）

把文学翻译提高到艺术创造水平的译者，傅雷可以说是一个代表。他主张"重神似不重形似"。早在1929年，陈西滢就提出了形似、意似和神似的问题，他说"肖像的信，可以分形似、意似、神似三种的不同。"（见《翻译论集》第

403页）他说的是肖像画，应用到文学翻译上来，就是"一字不可增，一字不可减，一字不可先，一字不可后，名曰翻译，而'译犹不译'。"（见《翻译论集》第405页）这是"形似"。至于"意似"，他说，"意似的翻译，便是要超过形似的直译"，"译者的注意点，不仅仅是原文里面说的是什么，而是原作者怎样的说出他这什么来。"（见《翻译论集》第406页）至于"神似"，他只从反面说："没有诗人原来的情感，更不能捉到他的神韵"。他的"形似"指的是不意似的"形似"，他的"意似"可以指不形似的，也可以包括形似的"意似"，至于"神似"，应该是指超越形似和意似的神韵。至于傅雷呢，他说："以甲国文字传达乙国文字所包涵的那些特点，必须象伯乐相马，要'得其精而忘其粗，在其内而忘其外'。而即使是最优秀的译文，其韵味较之原文仍不免过或不及。翻译时只能尽量缩短这个距离，过则求其勿太过，不及则求其勿过于不及。"（见《翻译论集》第559页）简单说来，神似的译法是"得其精而忘其粗"。我们看看傅雷是怎样做的。他的名译是罗曼·罗兰的 *Jean Christophe*（《约翰·克利斯朵夫》），现在把原文第一句的英译文、傅译文、北京燕山译文、南京译林译文抄录于下：

1.（法文）Le grondement du fleuve monte derrière la maison.

2.（英译）From behind the house rises the murmuring of the river.

3.（傅译）江声浩荡，自屋后上升。

4.（北京）江流滚滚，声震屋后。

5.（南京）屋后江河咆哮，向上涌动。

　　原文 grondement 在字典中的注解是：1. 低声嗥鸣声；2. 沉闷的隆隆声。英译用的是 murmuring，注解是：1. 沙沙声，潺潺声，淙淙声，私语声，低语声；2. 咕哝，牢骚，怨言。英译文似乎不如原文响亮，就是傅雷说的"不及"；南京译文"咆哮"又太强烈，又是傅雷说的"过之"。北京译文"滚滚"和原文是双声词，既音似又意似，但"滚滚"不是形声词。傅译"浩荡"也不是形声词，但把江声比作浩浩荡荡的人群或江水，很形象化，这就是傅译的"神似"了。傅雷的"神似说"继承和发展了老子"信"和"美"的矛盾论。他在陈西滢之后，把形似、意似、神似的"三似论"进一步发展，扩大了老子"信"的范围，又用得其精而忘其粗的思想把"精"和"美"结合起来，加深了"美"的内容，这样就使老子的矛盾论，也就是文学翻译的本体论，得到了发展。

　　傅雷和陈西滢的不同，是陈西滢把"形似"看成"译犹不译"，而傅雷却说："在最大限度内我们是要保存原文句法的。"例如《约翰·克利斯朵夫》原书第960页有一句"星中古石"的话，傅译卷三第139页的译文是：

　　　　用尽尘世的方法去禁锢法国的言论自由，
　　　　　其无效就等于想把太阳埋在地下或关在洞里。

　　傅雷的"神似"并不排斥"形似"，比陈西滢进了一步。但"星中古石"模仿的原文富有形美，原文七行，七行的字数分别是7，6，5，4，3，2，1，隔行押韵，具有音美和形美，所以译文只是形似，没有传达原文的形美和音美。因此，北京燕山的译文又改译如下：

> 法国人没有力量
> 禁止言论自由。
> 不能把太阳
> 埋进地球。
> 打个洞
> 没有
> 用。

这个例子说明中国学派如何从形似、意似、神似"三似"的矛盾发展到意美、音美、形美"三美"统一的。这也是梁启超说的："信达雅三义，……先信然后求达，先达然后求雅。""……其进一步发展，或者就通向出'神'入'化'。"（见《翻译论集》第15页）这就是说，中国翻译学派从严复的"信达雅"发展到傅雷的"神似"，再发展到钱锺书的"化境"。

钱锺书提出了"化境说"："文学翻译的最高标准是'化'，把作品从一国文字转变成另一国文字，既能不因语文习惯的差异而露出生硬牵强的痕迹，又能完全保存原有的风味，那就算得入于'化境'。""化"可分为三种，等化、浅化、深化。例子在他自己英译的《毛泽东选集》中就有：

1. 吃一堑，长一智

A fall into the pit, a gain in your wit.

2. 三个牛皮匠，合成一个诸葛亮

Three cobblers with their wits combined equal
Zhuge Liang the master mind.

第一句可以算是等化，但是原文只有对仗，译文却既有对仗，又押了韵，既有形美，又有音美。可以说是"优化"或"深化"。第二句译文加了 with their wits combined（把他们的智慧加在一起）可以说是"深化"，如果不译"诸葛亮"三字，可以算是"浅化"。"深化、等化、浅化"是中国学派的文学翻译"三化论"。

一般说来，"三化"应该力求优化，但并不容易做到。例如上面提到的《采薇》四个千古丽句，有人说是可以译成：When I left here, / Willows lean near. / I come at last, / Snow falls fast. //（见屠岸《倾听人类灵魂的声音》第326页）这是不是优化了呢？我认为把"杨柳依依"说成"杨柳靠近"、"依靠"只是形似而不是意似，所以不能算是"优化"。"今我来思"说"我最后来了"，并没有战士还乡的意思，也是形似而没有优化。最后把"雨雪霏霏"说成"雪落得快"，只是浅化而不是深化，都不能算是优化。

又如法国诗人瓦雷里写了一首 Le Sylphe（《灵感女神》），最后三行是：

原文	译文1	译文2
Ni vu ni connu,	无影也无踪，	无影也无踪，
Le temps d'un sein nu	换内衣露胸，	更衣一霎那，
Entre deux chemises!	两件一刹那。	隐约见酥胸。

法国诗人说灵感女神来无影，去无踪，好像美人更衣时露出的胸脯，只能隐约看到一眼，就不见了。第一种译文译的是词，只是形似，不能使人知之。第二种译文译的是意，可算意似，比第一种就优化了。

（四）

最后再来总结一下。中国学派的译论来源是老子提出的"本体论"，孔子提出的"认识论"、"方法论"和"目的论"。老子认为文学翻译的本体是解决"信"和"美"的矛盾，而"道可道，非常道"就是说：翻译之道既不是"求信"也不是"求美"，而是求"信美"相结合之道。这就是说，"求信"并不是忠实于原文的文字，而是忠实于文字所写的更真、更美的现实。孔子提出的认识论是"从心所欲不逾矩"的艺术论，这就是说：文学翻译不是科学，而是艺术，因为"从心所欲"是发挥主观能动性，发挥创造力，是艺术，是积极标准；"不逾矩"是不违反客观规律，是科学，是消极标准。中国译论研究"从心所欲"的自由王国的问题，西方译论研究"不逾矩"的必然王国的问题。孔子提出的方法论是"学而时习之"，学术要经过实践检验才是可信的学术，译论也要经过中外互译的实践证明，才是有生命力的理论。中文和英文是世界上用得最多的语文，没有中英互译实践的学者不可能提出解决中英互译的理论，只有中国学者才能解决。孔子提出的目的论是知之、好之、乐之的"三之论"，是说译文目的是使读者知道原文内容，喜欢译文文字，读后感到愉快。这讲的是读者和译文的内在关系，而西方目的论讲的是译者和出版者等的外在关系。

老子和孔子的思想是如何继承和发展的呢？到了近代，严复把老子"信"和"美"的矛盾论发展为"信达雅"三原则，其中"雅"是"美"的发展，"达"是新增加的原则。为什么要增加呢？因为中西互译和西方语文互译不同，西方语文比较接近，很少有"信"而不"达"的问题，而中西互译中则常有发现，如前面提到的《灵感女神》译文中的"两件一刹那"。由此也可以看出中西译论的不同，西方译论不能解决中英互译的问题。在严复提出"达"和"雅"的时候，林纾在翻译实践中提出了"优雅"的问题，因为不少读者认为林译优于原著，这是对孔子的艺术论"从心所欲"的实践，但是林译错误较多，违反了孔子的"不逾矩"，违反了老子"信"的原则，所以不能算是中国学派的正宗。鲁迅提出了"信顺"的原则，用"顺"来取代"达雅"，但他又提出了"宁信而不顺"的直译，如把"农奴魂"译成"死魂灵"，结果成了不信不顺的硬译。但他提出的"意美"、"音美"、"形美"的"三美论"，却是对老子"信美"矛盾论的重要发展。郭沫若提出"好的翻译等于创作，甚至还可能超过创作"。这就开始提出了"创译论"和"超越论"。为什么翻译可以超过原作，译文可以胜过原文呢？因为译文依据的不只是原文的文字，还是原文文字所写的现实。他还说"雅"是"文学价值或者艺术价值比较高"。（以上均见《翻译论集》第498—500页）这样就把"美"和"艺术价值"联系起来，说明文学翻译理论不是科学，而是艺术。茅盾则更进一步，说"必须把文学翻译工作提高到艺术创造的水平"。"提高"就是"优化"。"优化论"的来源是孔子的"实践论"："学而时习之，不亦说（悦，乐）乎"。一个人的学识要从实践中取得，又要经受实践的检验，经受了检验就得到了提高，就会感到乐趣。可见实践不是空谈理论，是取得文学翻译知识的方法，是文学翻译的方法论。而乐趣是文学翻译"三之论"（知之、好之、乐之）的最终目的，所以是文学翻译的目的论。这谈的是"信美"矛盾中"美"的发展。至于"信"，陈西滢提出的"三似论"（形似、意似、神似）是对"信"的发展，形似而不意似并不是"信"，只有形似而又意似才能算"信"，但意似而不形似也是"信"，至于"神似"则不只是"信"，而且向"美"发展了。所以傅雷提出的"重神似不重形似"，既是对"信"又是对"美"的发展。至于钱锺书提出的"化境"，则把傅雷的"神似"又提高了一步，因为"似"只是"像"，"化"却更进一步，不只是"像"，而是成为化身，所以说是翻译的最高境界。是不是最高呢？还要作进一步研究。根据中国学派的"三势论"，两种语文之间可能有三种态势：均势、优势、劣势。举例来说，甲文和英文有45%可以找到对等词，这45%可以算是均势。其他55%呢？大约有百分之几是中文占优势，英文占劣势；又有百分之几是英文占优势，中文占劣势。例如四字成语、"依依"、"霏霏"等叠词是中文所有而英文所无的，中文占优势；关系从句、宗教神话是英文所有或较多而中文所无或较少的，中文占劣势。翻译时应该改变劣势，争取均势，发挥优势，取得双赢，使双方都得到提高。如前面把"依依"译成 shed tear（流泪），把关系从句译成"翻山越岭"就是。还有即使有对等语时，也不一定按照原文文字译出，而要看原文所写的现实。如"雨雪霏霏"中的"雨"就可不译，这是"浅化"；"依依"译"流泪"是"深化"，

"翻山越岭"是"等化"。"浅化"、"等化"、"深化"是"三化论"。"三化"都要"优化",这就是"优化论"。

中国学派的艺术译论还能吸收当代先进的科学理论,如从数学理论中提出了文学翻译的数学公式:

1. 形似而不意似的不等化译文:$1+1<2$

2. 意似而形似或不形似的译文:$1+1=2$

3. 优化而形似或不形似的译文:$1+1>2$

又如当代物理学先进的超导论,应用到文学翻译上来,可以证明译文胜过原文的理论。如毛泽东《昆仑》中"一截遗欧,一截赠美,一截还东国"的三个"一截",可以分别理解为"山峰"、"山腰"、"山脚",译成 crest, breast, the rest,这是充分发挥了原文的优势。至于生命科学中先进的"克隆论",引进优质基因可以改良生物品种,文学翻译也是一样,如毛泽东《为女民兵题照》中的"不爱红装爱武装"译成 to face the powder, not to powder the face(面对硝烟而不涂脂抹粉)就是例子,这是充分发挥了译语优势,都是"优化论"的分论。所以中国学派的译论可以说是世界上最先进的理论。说中国的翻译理论落后于西方二十年,那是没有根据的,也是不能证明的。中国译论却有实例可以证明:五洲传播出版社出版我的十四本汉英对照中国经典诗文集就是根据中国译论翻译的。合译者(在美国奥巴马总统竞选委员会工作的)许明把《唐诗三百首》中柳宗元《江雪》的译文用 E-mail 寄给奥巴马和一位共和党参议员,当时参议院正在讨论总统的医保方案,民主党支持,共和党反对,势均力敌。这位参议员喜欢《江雪》，读后发挥独立精神，改投赞成票，使医保议案以7票的微弱优势通过。奥巴马总统知道后给许明来信，开玩笑说他是总统的"厨房内阁"（Kitchen Cabinet）成员，这事《人民日报》2010年12月3日文化版已有报道，可见中国文化在世界上可以起作用。最近我国参加在欧洲举办的世界博览会，这一套诗文集是重点图书，其中的《论语》第一句"学而时习之，不亦说（悦，乐）乎"的英译"Is it not a delight to acquire knowledge and put it into practice?（得到知识，付之实践，这不是一件乐事吗？）"作为标语出现在博览会上，这就是中国文化走向世界的先声。

中国第一个荣获诺贝尔奖的科学家杨振宁（1957年得奖时他是中国国籍）说过：他最大的贡献不是得到诺贝尔奖，而是帮助中国人克服自己不如人的心理。这话非常重要，因为旧中国受到的压迫太多，太重，太久，使不少人觉得自己不如别人，甚至认为传承千年的中国文化译论比西方译论至少落后二十年。他们还认为中国翻译理论要走向世界，就要使用西方术语。但是中国文化比西方悠久，使用的术语多为西方文字所无。如"信达雅"、"三美"、"三似"、"三势"、"三化"、"三之"译成西方文字和中文并不相等，"名可名，非常名"，所以中文在国际译坛也应该有话语权。这些就是再谈中国学派的文学翻译理论的重要意义。

（原载《中国翻译》2012年第4期）

（本文有删节）

中国文化走向世界

二十一世纪中国要建设社会主义文化强国，而建设文化强国就要使中国文化走向世界。

二十世纪使中国古代文化走向世界的第一个中国人是辜鸿铭（1857—1928），他曾将《论语》、《中庸》翻译成英文，并用英文写了一本《中国人的精神》，于1915年出版，在国外影响很大，例如托尔斯泰就曾和他讨论如何抵制现代物质文明的问题。英国作家毛姆对他曾进行采访，说他是"声高望重"的哲学家。印度诗人泰戈尔和他交流思想，并且并坐合影，诗人徐志摩蹲在前面，清华大学曹校长站在后面。第一次世界大战前后的德国大学甚至成立了"辜鸿铭研究会"。日本大学也曾于1924—1927年请他去讲学，可见影响之大。甚至李大钊也说过：辜鸿铭"已足以扬眉吐气于二十世纪之世界"。但是他的保守思想严重，主张保皇、留辫、缠足、纳妾，所以今天对他就要"取其精华，去其糟粕"了。

二十世纪第二个使中国文化走向世界的中国双语作家是熊式一（1902—1991），1934年他的第一个英文剧本《王宝川》在英国出版，引起轰动。同年搬上英国舞台，好评如潮，连演三年九百多场。第二年在美国上演，作者的名字用霓虹灯做广告，出现在纽约街头。后来熊式一又把《西厢记》翻译成英文，得到萧伯纳的好评。1943年其英文小说《天桥》在伦敦出版，这是一部以辛亥革命为背景的社会小说，一年之内重印四次，并被翻译成多种欧洲文字，畅销欧美。英国桂冠诗人梅斯菲尔德为《天桥》写了序诗：

> 大同这个少年人的希望
> 是在围墙中的绿草地上
> 种一棵李树或白玫瑰
> 给他带来乐趣和安慰。

绿草地指中国大陆，种树和白玫瑰指废除帝制，建立民主的共和国。史学家威尔逊则说："《天桥》是一本比任何关于目前中国趋势的论著式报告更有启发性的小说，是一幅完整的、动人心弦的、呼之欲出的图画，描述一个大国家的革命过程。"可见这书多少纠正了一点辜鸿铭落后思想对中国人造成的错误印象。

第三个使中国文化走向世界的中国作家是林语堂（1895—1976），他1936年到美国后，出版了《孔子集语》、《老子》等的英译本。他认为：孔子的人生观是积极的，老子的是消极的；孔子学说的本质是都市哲学，老子的是田园哲学；孔子是中国思想的经典派，老子是浪漫派；孔子的儒教是工作姿态，老子的道教是游戏姿态；中国人成功时是儒教，失败时是道教；儒家入世，道家出世；中国人心目中的幸福不是施展所长，而是享受简朴的田园生活，与世无争。

这些思想也出现在林语堂的英文著作《吾国与吾民》、《生活的艺术》等书中，在国外的影响很大。此外，他还把中国古典诗词译成英文，与英美的译文不同。如李清照的《声声慢》："寻寻觅觅，冷冷清清，凄凄惨惨戚戚"，美国诗人Kenneth Rexroth 的译文是：

> Search. Search. Seek. Seek.
>
> Cold. Cold. Clear. Clear.
>
> Sorrow. Sorrow. Pain. Pain.

这个译文基本逐字翻译，没有传达诗意。林语堂改译如下：

> So dim, so dark,
>
> So dense, so dull,
>
> So damp, so dank,
>
> So dead!

原文用了七对叠字，林语堂用了七个 so 和七个用 d 开始的形容词。如以音美而论，胜过美国译文；但以意美而论，距离原文较远。中国文学评论家朱光潜和钱锺书都曾说过：译文最好能做到"从心所欲，不逾矩"。"从心所欲"就是发挥主观能动性；"不逾矩"就是不违反客观规律。看来林译有点"从心所欲"，但逾了矩；美国译文没有"逾矩"，但又不能"从心所欲"地达意。怎样才能两全其美呢？下面试举一个译例说明：

I look for what I miss,

I know not what it is.

I feel so sad, so drear,

So lonely, without cheer.

　　这个译文不如林译文"从心所欲",但是没有逾矩,又比美国译文更"从心所欲",更"不逾矩",可以说是更好的译文。自然还可以好上加好,精益求精。这样才能使中国文化走向世界。因此,译文能从心所欲不逾矩,是中国文化走向世界的重要原则。

　　第四个使中国文化走向世界的中国翻译家是杨宪益和他的英国夫人戴乃迭,他们二人合作翻译了大量的中国古典作品,主要的诗词有《诗经》、《楚辞》,小说有《红楼梦》,戏剧有《长生殿》等。自然,在他们之前,《诗经》已有西方译本。他们的译本有什么不同呢?下面就来举例说明。《诗经》第一篇《关雎》第一段"关关雎鸠,在河之洲。窈窕淑女,君子好逑。"英国翻译家 Arthur Waley 和杨宪益夫妇的译文分别是:

"Fair, fair," cry the ospreys

On the island in the river.

Lovely is this noble lady,

Fit bride for our lord. (Waley)

Merrily the ospreys cry,

On the islet in the stream.

Gentle and graceful is the girl,

A fit wife for the gentleman. (Yang)

第一行的"雎鸠"两种译文都译成"鱼鹰"，但是前人早已提出疑问，《关雎》是婚庆之歌，怎么会用鱼鹰吃鱼来比男婚女嫁？所以鱼鹰大有问题。其次，鱼鹰哪有"关关"叫的？第一种译文"Fair, fair"不知是翻译声音还是翻译意思？如果译音，相距太远；如果翻译意义，鱼鹰大叫"美呀美呀"，仿佛要把新人像鱼一样吃掉，对于婚庆之歌似乎不大合适。第二行的"洲"是小沙洲，第一种译成"岛"不如第二种译成"小岛"。"淑女"和"君子"第一种译成贵族，不如第二种译成现代普通男女。但是最新的解释是男女都是劳动人民，所以才在河边采荇，第二种译文用 gentleman 还是不妥。如是按照"从心所欲不逾矩"的原则考虑，可以改译如下：

By riverside are cooing

A pair of turtledoves.

A good young man is wooing

A fair maiden he loves.

新译把"雎鸠"改成"斑鸠"，字面相同，也比鱼鹰更合婚庆之用，斑鸠的叫声"咕咕"加上韵母就是"关关"，也和原文正合。把"洲"译成河边，免去了大岛小岛的问题。"君子"和"淑女"也都可古可今。所以可以说是胜过了 Waley 和杨译。

　　《诗经》中的千古丽句是《小雅·采薇》中写战后还乡的一段："昔我往矣，杨柳依依。今我来思，雨雪霏霏。行道迟迟，载渴载饥。我心伤悲，莫知我哀。"英国 Legge 和杨宪益的译文分别是：

> At first, when we set out,
>
> The willows were fresh and green;
>
> Now, when we shall be returning,
>
> The snow will be falling in clouds.
>
> Long and tedious will be our marching;
>
> We shall hunger; we shall thirst.
>
> Our hearts are wounded with grief,
>
> And no one knows our sadness. (Legge)

> When we left home
>
> The willows were softly swaying;
>
> Now as we turn back
>
> Snowflakes fly.
>
> Our road is a long one
>
> And we thirst and hunger,
>
> Our hearts are filled with sorrow;
>
> But who knows our misery? (Yang)

　　这八行诗是世界上最古老的诗集中最美丽的诗句，但是读了两种译文之后，你会认为这是三千年前最美丽的诗行吗？恐怕不会吧！因为原诗富有意美、音美、形美，而译文却相差很远。这就是中国文化没有走向世界的重要原因。《采薇》写战士热爱和平生活（就是老子说的田园生活），现在却被迫去打仗，所以离家的时候，杨柳都依依不舍了。"依依"二字把杨柳都拟人化了，这是人与自然合而为一的写法，读后杨柳的感情也会渗透人心，引起人的同情。但是，读读两种译文，第一种只说杨柳清新，第二种则说杨柳轻轻飘荡，这怎么可能体现依依不舍之情呢？接着写战后回家，雨雪"霏霏"，说雪下得非常大，有多大呢？行道迟迟，雪压得战士弯腰驼背，路都走不动了。"霏霏"是和"依依"对称的，不但指雪压弯了人的腰，也压弯了树枝，这又是天人合一了。情景交融，多动人啊！但第一种译文说雪会和云团一样落下，并且用了未来时态。第二种更只简单地说是雪花飞舞，怎能传情达意呢？现在再看看英国企鹅公司《中国不朽诗三百首》中国人的译文：

When I left here,

Willows shed tear.

I come back now,

Snow bends the bough.

Long, long the way;

Hard, hard the day.

My grief o'erflows.

Who knows? Who knows?

译文把"依依"说成流泪，这就把杨柳比作人，流露了依依不舍之情。又把"霏霏"说成压弯了树枝，这是把叠词

西风落叶

具体化了，衬托出了士兵厌战的思想。"行道迟迟"说成道路很长很长，因为英文不能说 the way is late，所以就把"迟迟"改成"长长"，这也写出了士兵艰苦的归程。"载渴载饥"只说日子艰苦，用重复"艰苦"来译原文"载"字的重复，如果要译"饥渴"二字，那可以加译两行：

> Hunger and thirst
> Press me the worst.

　　这样更能传达原文的意美，却改变了原诗的形美，有得有失，何去何从呢？我看这时要参考孔子在《论语》中说的："知之者不如好之者，好之者不如乐之者。"应用到翻译上来，"知之"是说译文要使读者知道原文说了什么，这是低标准；"好之"是要读者喜欢译文，这是中标准；"乐之"是要读后感到乐趣，这是高标准。原译不能使人知道饥渴，没有达到低标准，新译却能使人好之，所以新译更好。新译更好，因为它合乎"从心所欲不逾矩"的原则。原译说"日子艰苦"，那是从心所欲，是"浅化"，合乎低标准，但是没说"饥渴"，就逾矩了。新译加了"饥渴"，是"等化"，合乎中标准，上面说到"依依"和"霏霏"的译法是"深化"，是高标准。由此可见，从心所欲可以深化，可以浅化，不逾矩一般指等化。等化指不违反客观规律，这是科学：从心所欲指发挥主观能动性，这是艺术，艺术巧妙各有不同，就以《采薇》而论，巴黎五洲出版社中国人的法译文是：

> A mon départ,

Le saule en pleurs;

Au retour tard,

La neige en fleurs.

Lents, lents mes pas,

Lourd, lourd mon Cœur.

J'ai faim, J'ai soif.

Quelle douleur!

比较一下英法译文，"依依"都译杨柳流泪，异曲同工。"霏霏"却用"千树万树梨花开"的诗句，说雪压树枝有如梨花盛开，这可以理解为雪花盛开，欢迎士兵安全回家，以乐景写哀情，倍增其哀，更显得士兵孤苦伶仃。"行道迟迟"说成脚步迟缓，"载渴载饥"为了单双行押韵换成第七行，"我心伤悲"说成心情沉重，并且重复"重"字，合乎原诗风格，这和英译重复"莫知我哀"一样，总之，英法译文每行四音节，每行押韵，传达了原诗的意美、音美和形美。

译文要传达原诗的意美、音美和形美，"三美"之间如果没有矛盾，那就好译，如"昔我往矣"的英法译文。但是译者不同，译文不同，"三美"之间就可能有矛盾。《采薇》原文押韵，Legge 和杨译都没有韵，这就没有传达原诗的音美；原文每行四字，英法译文每行四个音节，传达了原诗的形美，而 Legge 和杨译各行长短不齐，这又没有传达原诗的形美。所以在"三美"没有矛盾的时候，译文只要"不逾矩"就行，如有矛盾，那就要译者发挥主观能动性，要"从心所欲"。译者不同，译语不同，巧妙也就不同。如"霏霏"的英法译文。哪种译文更好？那就要看哪种能使人知之、好之、乐之了。但是各人所好不同，所以首先要求译者自得其乐，自然，好之、乐之的人多多益善。其次，译语不同，译法也就不同。英译"霏霏"用了 Snow bends the bough（雪压弯了树枝），因为"今我来思"英译是 I come back now，要和 now 押韵，"霏霏"就用 bough；法译"杨柳依依"是 Le saule en pleurs，要和 pleurs 押韵，"霏霏"就用 fleurs 了。"载渴载饥"法译可以等化，英译不能，就要浅化或深化，那就是随心所欲了。浅化成 Hard, hard the day，说日子艰苦，虽然可以包括饥渴在内，但是不如饥渴形象具体，那就是为了押韵的音美和四个音节的形美而使形象的意美受到损失。如果深化为 Hunger and thirst / Both press me worst，那就增加了音节和行数，使音美和形美受到损失。何去何从？就要看译者认为哪种译文能使读者知之、好之、乐之了。而法译为了押韵，把第六行改为第七行，英译重复"莫知我哀"，都是从心所欲不逾矩。这就是翻译使文化走向世界的方法。

（二）

以上谈的是诗词的翻译，至于散文和小说，上面提到杨宪益翻译的《红楼梦》，如何应用"从心所欲不逾矩"的原则呢？《红楼梦》第九十八回的回目是"苦绛珠魂归离恨天"，杨宪益的译文是：

Unhappy Vermilion Pearl's Spirit Returns in
Sorrow to Heaven

绛珠指林黛玉，这里直译，是不逾矩；如果译成黛玉，不能说是逾矩，但却发挥了主观能动性，算是从心所欲了。但是哪种译文更好？恐怕意见就会不同，何去何从？还是要看读者是知之、好之，还是乐之。"魂归离恨天"说成灵魂在悲哀中回到了天上，有没有逾矩呢？恰好"离恨天"有熊式一在《西厢记》中的译文：

a Heaven where no regrets reign

还原成中文是：没有遗憾的天堂。"恨"字说是遗憾，似乎不如杨译的悲哀。但杨译只说在悲哀中回到了天上，到了天上有没有悲哀呢？杨没有说。但原文离恨天却是说：离开了恨事的天堂，那就是说，天堂是没有恨事的。这样看来，杨译就逾矩了，而熊译用遗憾又有所不足，怎样才能从心所欲不逾矩呢？我们看看《大中华文库》中的《西厢记》的译文：

a sorrowless (celestial) sphere

这样就取两种译文之长而避其短了。"魂归离恨天"指含恨而死，既然可以译成外文，外译汉时也可利用，如《红与黑》市长夫人含恨而死，湖南译本就用了"魂归离恨天"，这也使中国文化走向世界了。

《西厢记》英译本在英国出版，得到萧伯纳的好评，是不是符合"从心所欲不逾矩"的原则呢？我们看看《酬韵》中张生和莺莺唱和的唱词："你若共小生厮觑定，隔墙儿酬和到天明，便是惺惺惜惺惺。"

> If you would but look at me without turning away,
>
> Then we could carry on our rhyming till daybreak
> with the wall between us,
>
> And there indeed would be a case of true under-
> standing.

　　词曲是诗词的发展，也有"三美"。"惺惺惜惺惺"是聪明人爱聪明人，才子爱佳人的意思。译文只说真正地了解，传达意美有所不足。词曲三行"定"、"明"、"惺"押韵，译文无韵，没有传达音美；词曲每行七八字，译文长短不一，缺少形美。试看《大中华文库·西厢记》的译文：

> If you but look at me without turning away,
> I would rhyme with you till the break of the day.
> 　　The clever loves the clever
> 　　For ever and ever.

　　译文每行大致十二音节，每两行押韵，传达了词曲的音美和形美。第三行分译两行，这是从心所欲，有没有逾矩呢？没有。原文四个"惺"译文四个 ever（其中两个clever），传达了原文的"三美"，虽然最后一行分译两行，那也只是不够形似，还是具有形美，并且恢复形似不难，只要把最后两行合成一行，就是形似的十二音节诗行了。
　　又如《闹简》中红娘责备莺莺的唱词："你要会云雨闹

中取静，却教我寄音书忙里偷闲。"熊译文是：

> Wishing to carry on your love-affair, you select a
> retired spot in the crowded monastery;
> And you want me to find time to take your letter,
> busy though I am.

"会云雨"指幽会，熊译意似，但云雨指男欢女爱的形象没有译出来，传达原文意美有所不足。原文有韵，译文没有；原文这两行是七字的诗句，前面加了两个或三个衬字，译文却太长了，没有传达原文的音美和形美。我们再看看《大中华文库·西厢记》中的译文：

> You want the cloud to bring fresh showers
> For thirsting flowers,
> But order me to use my leisure
> To gratify your pleasure.

译文用雪莱《云》中的名句来译云雨，虽然雪莱原诗并没有男欢女爱的意思，译文却丰富了这个形象的内容，使两种文字都得到了提高，这就是从心所欲起到了创新的作用。而且下雨有声，"闹中取静"，不言自明。"忙里偷闲"说成利用我的空闲时间，来满足你们幽会的乐趣，而且还押了韵，传达了原文的意美和音美，虽然把两个长行分成四个短行，不够形似，但从"三美"观点看来，还是得大于失的。这是用意美弥补形似的不足。下面再看一个用音美来弥补的译例：《酬简》中"露滴牡丹开"熊译是 the drops of dew make the peony open，《大中华文库·西厢记》译为 The dew-drop drips, / The peony sips / With open lips，音美弥补了形美，这都是用了从心所欲的原则。

（三）

中国文化走向世界，和中国学派的文学翻译理论大有关系，而中国学派的译论又源自中国传统文化，主要包括儒家思想和道家思想。儒家思想前面提到了"从心所欲不逾矩"。这是文学翻译的本体论或矛盾论，因为从心所欲的目的是求"美"，不逾矩的目的是求"真"，求真与求美是文学翻译的主要矛盾，所以说这是文学翻译的矛盾论，解决了这一对矛盾就解决了文学翻译的主要问题，所以说这是翻译的本体论。上面谈到英美译文和熊译、杨译的不足之处，正是因为他们求真而不求美。求真是科学的目的，是文学翻译的低标准，是必然王国的入场券；求美是文学艺术的目的，是文学翻译的高标准，是自由王国的入场券。等化、浅化、深化这"三化"是文学翻译的方法论。知之、好之、乐之这"三之论"是文学翻译的目的论。浅化可以使人知之，等化使人好之，深化使人乐之。这就是中国学派的基本译论。

中国文化走向世界是长期的工作，而且不会是一帆风顺的。如南开大学外语学院马红军的博士论文就指出，有一个美国教师来南开访问，认为本文提到的《诗经·关雎》的中国译文，不如英美译文（如 Waley 的译文）。但是最近上海外国语大学博士曹迎春在《独立学院外语界》第二期发表了一篇论文，比较《牡丹亭》的中外译本，译本中包括《关睢》的译文。曹迎春向上海外国语大学40位外国教师和留学生征求意见，收回35份答案，全部认为本文提到的中国人译的《关睢》胜过了英美译文（如 Birch，Waley）。由此可见中国文化走向世界任重道远。

《牡丹亭》和《千家诗》的英译者之一许明（Frank Xu）在美国为奥巴马总统做竞选工作，当医保方案在上议院引起激烈辩论时，民主党支持，共和党反对，势均力敌，难解难分。其时许明将柳宗元的《江雪》译成英文，用 E-mail 寄给一位共和党参议员，并且转告了奥巴马总统。《江雪》的中英文如下："千山鸟飞尽，万径人踪灭。孤舟蓑笠翁，独钓寒江雪。"

> From hill to hill no bird in flight,
> From path to path no man in sight,
> A lonely fisherman, behold!
> Is fishing snow on river cold.

原文"独钓寒江雪"是说渔翁不顾冰天雪地，一个人在江上钓鱼，富有独立精神。译者却从心所欲，说如果钓不到鱼，那就钓雪好了，那不是有更高的品质吗？参议员读后非常欣赏渔翁的独立精神。在医保议案中，她本来随共和党投反对票，现在发扬独立精神，她改投了赞成票，使医保案以七票的微弱多数通过。奥巴马总统知道后非常高兴，在信中开玩笑说 Frank 是他的厨房内阁成员，这事2011年12月3日《人民日报》文化版已有报道，可见中国文化的影响。

美国第一夫人积极参加总统竞选，许明就寄了一首关于汉武帝的李夫人的诗给他们夫妇。诗中赞美李夫人说：
"一顾倾人城，再顾倾人国。宁不知倾城与倾国？佳人难再
得。"英译文是：

> At her first glance, soldiers would lose their town;
> At her second, a monarch would his crown.
> How could the soldiers and monarch neglect their
>   duty?
> For town and crown are overshadowed by her
>   beauty.

　　译文把"倾国倾城"译成玩忽职守，说佳人使城和国都
黯然失色，都是"从心所欲不逾矩"的译法。奥巴马夫人知
道两千年前中国就有这样爱美的君王，非常高兴。更高兴的
是前总统克林顿，Frank 为了要他支援奥巴马连任，寄给他
半首孟浩然的《临洞庭》："八月湖水平，涵虚混太清。气蒸
云梦泽，波撼岳阳城。"英译文是：

> The lake in eighth moon runs not high,
> Its water blends with azure sky.
> Cloud and dream fall into the river (lake),
> When its waves rise, the town walls shiver (shake).

　　云梦泽名字很美，原来是说湖水做梦，梦蒸发成云，云
落水成梦，这样循环往复，就成了云梦泽。这使克林顿看
到中国的美人和美景。中国说是"人杰地灵"，也都是中国

文化的产物，使国外对中国有进一步的了解，而这也是译者从心所欲造成的结果。有没有逾矩呢？我看只要是能使读者知之、好之、乐之的译文，就不会是逾矩的译文。译文接着说湖水可以震动城墙，暗示克林顿的声援可以震动美国，结果克林顿在竞选大会上的发言，影响甚至超过了奥巴马总统的演说词。而孟浩然的洞庭诗，对克林顿也起了一点小作用，他也真像波撼岳阳城一样震撼了美国。"震撼"英文可用 shake 或 shiver，shake 的物质意义大于精神意义，shiver 的精神意义大于物质意义。如用 shake，云梦泽就用 lake（湖），如用 shiver，泽字就用 river（河），云梦原来就是云水和梦水两条河组成的，由此可见从心所欲的范围不小，如能灵活应用，就可以有助于中国文化走向世界，使世界文化更加光辉灿烂。

2012年10月8日于北京大学畅春园

（本文有删节）

英译诗词如何走向世界

今年中国要建设社会主义文化强国，而建设文化强国，就要使中国文化走向世界。诗词是中国传统文化的重要部分，所以诗词英译是中国文化走向世界的重要一步。因此，《英语世界》发表了一些诗词英译和评论英译的文章，这是一件好事。但是应该问问：这些译文和论文能对中国文化走向世界起到什么作用。

《中国翻译》2012年第4期发表了《再谈中国学派的文学翻译理论》，文中谈到中国学派的译诗理论，主要是根据孔子在《论语》中提出的"从心所欲不逾矩"。"从心所欲"就是发挥译者的主观能动性，"不逾矩"就是不要超过客观规律容许的范围。这个理论得到朱光潜和钱锺书二位先生的支持。朱先生在《诗论》中说："'从心所欲，不逾矩'是一切艺术的成熟境界。"钱先生在《翻译论集》中说："艺之至者，从心所欲，而不逾矩。"而文学翻译是一门重要的艺术，自然也可以应用这一条规律。最近国内外出版的"中国文化著作翻译出版工程"中的《诗经》、《唐诗》、《宋词》等都是按照中国学派译论翻译的。恰好《英语世界》2012年第11期发表了辜正坤关于《诗经·关雎》的英译和评论。如果和"中国文化著作翻译出版工程"中《诗经》的译文进行比较，对《英语世界》的读者也许会有好处。现将《关雎》

第一段原诗和辜译抄录如下：

> 关关雎鸠，Hark! The ospreys merrily call
>
> 在河之洲。On the islet off the river shore.
>
> 窈窕淑女，The girl is lovely and slenderly tall,
>
> 君子好逑。Whom the gentleman would adore.

译者在119页倒数第二段中说了"以科学态度系统翻译介绍我国诗歌翻译的重要性"，可见他是用科学态度来翻译《诗经》的，这和中国学派译者的艺术态度恰好相反。到底谁是谁非呢？我们就来具体分析一下。

首先，辜正坤认为"'关雎'之名，实际上暗示着全诗主旨……在中国人眼中，雎鸠求鱼象征男子求女"。这应该是科学的态度了，但是"暗示全诗主旨"是不是一个科学问题呢？就我所知，"关雎"之名，可能暗示全诗主旨，但也可能不是全诗主旨，只是借"关雎"起兴，和全诗主旨没有密切关系。统观《诗经》全部篇名，多是在第一句中选两个字，"关关雎鸠"只是在全句中选用了第一字和第三字，正如《诗经》第二篇《葛覃》是在"葛之覃兮"四个字中选用了两个一样，只是全诗起兴之句，不是全诗主旨。主旨是个艺术问题，是个主观理解的问题，恐怕不能用科学态度来解决。

第二，"雎鸠"到底是什么鸟？这也有不同的理解，有人说是鱼鹰、鸶鸶，有人说是水鸟、斑鸠。但是大家同意的是：《关雎》是一首婚恋喜庆之歌。既然是婚恋喜庆之歌，那把新郎、新娘比作鱼鹰吃鱼，未免文不对题吧，所以反对的人很多。即使古代人野蛮，到了今天，为了使文化走向世界，我们也应该选择更文明的解释，所以中国学派的《诗经》就选用了斑鸠。而且斑鸠的叫声"咕咕"，加上响亮的韵母"安"，正是"关关"。可见科学证明也有助于解决艺术问题。这是中国学派对科学和艺术的态度。

第三，"君子"和"淑女"到底是什么人？《英语世界》中说，Legge 和 Bynner 认为君子是 prince（君王之子，王子），Waley 认为是 lord（王公贵族），范围更广一点。淑女一般多用 lady，这是古代的说法。到了今天，如果改成 gentleman（绅士，上流人士）和 girl 或 lass，那就可能引起上流人物干下流勾当、诱骗幼女的联想。所以如果要古为今用，"君子"、"淑女"都指劳动人民，这样才能宣扬《诗经》中的和平劳动观点，使中国古代爱和平、爱劳动的思想走向世界。这是不是主观想象呢？下面说到的采摘"荇菜"、"琴瑟友之"，不都说明"君子"是既能从事体力劳动又能从事脑力劳动的男子吗？

第四，君子是劳动人民，"窈窕淑女"又是怎样的女子呢？"窈窕"有多种解释，很难说哪一种最正确。我认为最好的解释是"窈"指内心美，"窕"指外形美，"窈窕"就指内心外表都美，就把各种解释都包括在内了。辜译用了 lovely and slenderly tall，似乎把"窈窕"等同于"苗条"，这就把个子不高、身体健壮的女子排斥在外了。至于"淑女"，一般解释为贤淑的女子，那不是和内心美重复吗？新解释是"淑女"和"叔女"相通，就是年轻女子的意思，这样解释就豁然贯通了。

根据这些理解再来检查辜译，就可以有不同的认识了。

首先，以标题而论，"关雎"在字面上的意思是"关关叫的雎鸠"，如果说全诗主旨是"雎鸠求鱼象征男子求女"的话，主旨也是"男子求女"，而不是"雎鸠求鱼"。辜译标题为"Ospreys"（鱼鹰）是颠倒了主次，喧宾夺主，鱼鹰夺了男女的地位，反而可能引起误解。我们再看看中国学派《关雎》标题的译文"Cooing and Wooing"。wooing正是男子求女的意思，传达了原诗的主旨；cooing 是斑鸠咕咕叫（而不是关关叫）的声音，传达了雄鸟、雌鸟求偶的鸣声，译出了男子求女的象征。再看辜译"关关雎鸠"的译文，把"关关"说成是鱼鹰快乐的叫声。鱼鹰为什么快乐呢？因为啄到了鱼。这样把男女关系比作鱼鹰和鱼的关系，一直有人反对。尤其是到了今天，如果希望中国诗词走向世界，这样翻译，怎么能使国外读者正确理解中国文化呢？我们再看看中国学派这四行的英译文：

> By riverside are cooing
>
> A pair of turtledoves.
>
> A good young man is wooing
>
> A fair maiden he loves.

这个新译大意是说：一对斑鸠鸟，河边咕咕叫；美丽的少女，青年要追求。新译基本写出了男女青年见景生情的内容，传达了原诗的意美；原诗每行四字，一、二、四行押韵，新译每行六个音节，一、三行押韵，二、四行押韵，传达了原诗的音美和形美。辜译也是一、三行押韵，二、四行押韵，传达了原诗的音美；但是各行长短不齐，第一、四行八音节，第二、三行九音节，传达原诗形美有所不足。辜译每行内容基本和原诗一致，而新译却颠倒了原诗的次序：一、二行颠倒，三、四行也颠倒，这点又和辜译不同。尤其在用字方面，辜译力求接近原文，这也许就是他所说的"科学态度"，而新译却是根据"从心所欲不逾矩"的"艺术态度"来翻译的。何去何从，就要看读者喜欢哪种译文了。下面我们就来比较其他各段的辜译和新译。

> 参差荇菜，The water plants are long and short,
> 左右流之。Here and there they can be sought;
> 窈窕淑女，The lovely girl is slenderly tall,
> 寤寐求之。Day and night he would her recall. (辜译)

> Water flows left and right
> Of cresses here and there.
> The youth yearns day and night
> For the maiden so fair. (新译)

荇菜是一种生长在水里的植物，英译有好几种。辜译 water plants（水上植物）似乎把各种水上植物都包括在内，反而不如新译只说一种正确。第二行的"流"字解释很多，余冠英认为是"采摘"的意思，辜译 sought 却是"寻找"，如果是为了和上一行的 short 押韵，那就因韵害义，不是科学态度了。新译却是艺术态度，把"流"理解为水流过荇菜左右，就像男子的思念绕着女子的左右一样，不过新译又把第一行和第二行的顺序颠倒了，是得是失，看法可能不同。

第四行的"求"字，辜译用了 recall（回想），范围限于过去，未免太窄；新译用了 yearn（思念），就可包括现在和将来了。比较之下，辜译似乎不如新译。下面再看第三段的两种译文：

> 求之不得，The first courtship turns to bay,
> 寤寐思服。He longs for her wildly night and day.
> 悠哉悠哉，The lingering longing grips him tight,
> 辗转反侧。He tosses, unable to sleep at night. (辜译)

> His yearning grows so strong,
> He cannot fall asleep.
> He tosses all night long,
> So deep in love, so deep! (新译)

　　第三段的两种译文更加不同，风格迥异。余冠英前两行的中译文是："追求她成了空想，睁眼想闭眼也想。"辜译却说：第一次追求碰了壁，他日夜思念好像发了疯，似乎强调得过了头。新译只说：他的相思这样强烈，简直睡不着觉，似乎又有所不足。后两行的余译是："夜长长相思不断，尽翻身直到天光。"辜译还是尽力具体化，说绵绵不断的相思紧紧抓住了他，使他翻来覆去睡不着觉。新译却是尽量抽象化，说他一夜都翻来覆去，爱得如此之深，如此之深！原诗第三行重复"悠哉悠哉"，说明感情深厚，这点余译和辜译都没有反映出来，新译却把"悠"转化为 deep，传达了原诗感情的深度。这也可以看出"艺术态度"的翻译有失有得罢。下面看第四段：

参差荇菜，The water plants are long and short,
左右采之。Here and there they can be caught;
窈窕淑女，The lovely girl with frail appeal,
琴瑟友之。He'll befriend with zither and zeal. (辜译)

Now gather left and right
The cresses sweet and tender!
O lute, play music bright
For the bride fair and slender! (新译)

辜译把"采"译成 caught，似乎荇菜很难采到似的，用词不当。"窈窕"改用 frail 一词，还是强调纤弱。余译第四行译为"弹琴瑟迎她过来"，那就是说琴瑟迎亲，淑女已经成为新人了，所以新译改成新娘。还有一说认为琴瑟只是定亲订婚，那新娘就可以改为未婚妻（fiancee），是谁弹琴鼓瑟呢？辜译说是男子，根据后人把夫妇比作琴瑟，自然也有可能。但是根据后面说的"钟鼓乐之"来看，男方不可能自己鸣钟击鼓，所以也可能是别人。这里新译很妙，把琴瑟拟人化，要乐器奏出美妙的音乐来，这就避免了谁奏乐的问题，就是在应用"从心所欲不逾矩"的规律。辜译用了 with zither（琴瑟）and zeal（热心），这也是"从心所欲"，但是琴瑟具体，热心抽象，是不是"逾矩"就可以研究了。下面再看最后一段的两种译文：

参差荇菜，The water plants are long and short,

左右芼之。Here and there they can be stored.

窈窕淑女，The lovely girl is slenderly tall,

钟鼓乐之。With bells and drums he wins her after all. (辜译)

> Feast friends at left and right
>
> On cresses cooked till tender!
>
> O bells and drums, delight
>
> The bride so fair and slender! (新译)

"芼"字解释很多，余冠英认为是"采"，辜译认为是"储"，我看还是中国文学出版社1994年出版的《诗经》解释得好。第一页的注解中说：斑鸠在春天求偶叫春，荇菜在夏天浮出水面，秋天可以采摘，冬天可以食用。所以男女可以在春天结交，夏天吐露感情，秋天订婚，冬天结合，这就是古代天人合一之道。这样解释，全诗就豁然贯通了。因此新译最后一段把"左右芼之"理解为结婚时请左邻右舍、亲朋好友食用荇菜，就合情合理了。这也是中国学派译者应用"从心所欲不逾矩"这条规律的一个例子。

这条规律用得好或不好，可能是英译诗词能否走向世界的一个关键。怎么知道用得好不好呢？《论语》中说："知之者不如好之者，好之者不如乐之者。"应用到诗词英译上来，"知之"就是要使读者知道原文说了什么，"好之"是要读者喜欢译文，"乐之"是要读后得到乐趣。如果译文能使读者知之、好之、乐之，那就是好译文，就可能走向世界。中国学派的《诗经》英译本在国内由中国文学出版社出版，英国企鹅图书公司出版的《中国不朽诗三百首》中选用了《关雎》的英译文，美国加州大学东语系主任韦斯特（Stephen West）教授认为《诗经》英译本读来是一种乐趣（a delight to read）。可见新译已经能使人"知之、好之、乐之"，开始走向世界了。

所以《英语世界》再要发表诗词英译和评论，应该看看国内有没有出版过经达到国际水平的译文。就我所知，《英语世界》2012年发表的英译诗词，《大中华文库》的《唐诗三百首》和《宋词三百首》中多有译文。新译如果不能超越旧译，或者加了些可加可不加的词语，那就没有发表的必要。如果认为真有创新，那也应该和已经出版的旧译进行比较，才可避免误导读者，反之则不利于中国文化走向世界。

2012年11月11日于北京大学

附：给辜正坤的信

正坤：

我们的分歧主要是：你认为翻译最高标准是原文，我认为是原文所表达的内容，而不是原文的形式。当原文内容和形式有矛盾时，或当译文形式比原文形式更能表达原文内容时，我就采取不同的译文形式。从你在《英语世界》上发表的译诗看来，你还是忠于你的理论的。而在我看来，根据你这个译法，中国诗词不能走向世界。所以

2012年写了批评你的文章，但是直到现在才登出来，可见你的影响多大，流毒多深！我不批判，将要影响多少读者！你可以有不同的意见，欢迎展开论战，真理越辩越明嘛。发表后给我看看，我好迎战。其实我和江枫形似与神似的辩论，和屠岸深化与浅化的讨论，都是对事而不对人的，对你也是一样。我希望你对我也一样。你的学生在刊物上发表文章，支持你的"五美"批评我的"三美"，但我根据"三美"已经出版120多本中英法文著译，谁能举出一本作品是因为"五美"胜过"三美"的吗？这事不知你知不知道？有空希望你来面谈，没空就笔战吧。祝你进步！

2014年8月11日

《古今诗选一百首》后语

孔夫子超凡入圣，

教我们如何做人。

——英国诗人蒲伯

香港大学登纳教授说过：中国文化是世界上文学性最高、艺术性最高、历史最悠久的文化。为什么这样说呢？原因之一是中国文化中孔子的思想源远流长。例如唐太宗就写过一首五言诗如下：

疾风知劲草，板荡识诚臣。

勇夫安识义？智者必怀仁。

前两句的意思是：一个真正的人（忠臣）要经得住困难的考验，就像坚强的草木要经得起风吹雨打一样。这话应用到国家上，意思就是：国家应该强大得可以打败敢于进犯的敌人，但对人民又应该像和风细雨一般。唐太宗执行了孔子的这些教导，结果大唐帝国三百年来成了当时世界上最强盛、最发达的国家。由此可见孔子思想对中国文化的影响。但是这首五言诗如何译成英文呢？一般说来，中文精炼，英文精确，如何把精炼的中文译成精确的英文？例如"仁义"

二字，严格说来，没有完全对等的英文词。如要解释，可以说"仁"是做人的道理，"义"是"道义"、"正义"、"公正"、"是非之心"等。怎么能够翻译得正确，甚至是精确呢？

英国十七世纪桂冠诗人德莱顿说过，译诗有三种方法：一是字对字，句对句的"直译"；二是译者可以在不失原意的情况下，不严格遵照原文翻译，可以翻译原文的引申义，但是不能改变原文的意义，这是"意译"；三是"仿译"或"改写"，译者可以自由发挥，改变原文的字句和意义，甚至不顾原文。但是什么时候或在什么情况下用哪一种方法，德莱顿没有说。

现在我们来看看翻译唐太宗的诗可以用什么方法。如果把"仁"和"义"译成 benevolence and justice，那基本上用的是第一种"直译"的方法。第一句译文说：劲草不怕风吹雨打，基本上用的是第二种"意译"法。第二句的《板》和《荡》是《诗经·大雅》中的两个篇名，《板》是对周厉王乱世的批评，《荡》是对周厉王的警告，如果译文说是从批评和警告中可以看出一个忠臣来，那并不符合原意。这时就要不顾原文，采用第三种译法，译成"乱世识忠臣"了。但第三种译法不顾原文，这里却顾到了原文的意义，因此和"仿译"不同，可以说是"创译"。这是中西翻译理论不同的一点。

中国学派的翻译理论怎么说呢？根据朱光潜和钱锺书的意见，孔子在《论语》第二章中说的"从心所欲不逾矩"，是"一切艺术的成熟境界"。文学翻译是艺术而不是科学，所以这话也适用于文学翻译。"从心所欲"就是要充分发挥译者的主观能动性，"不逾矩"就是不能超越客观规律容许的范围。孔子在《论语》第六章中又说："知之者不如好之者，好之者不如乐之者。"这话应用到翻译上来："知之"就是要使读者知道原文作者说了什么；"好之"却是要使读者喜欢作者的话，或者说是喜欢译文；"乐之"更是要使读者感到乐趣。"不逾矩"是要使读者"知之"，"从心所欲"是要使读者"好之"，最好是能"乐之"。如果原文能使读者喜欢，而译文不能，那译者就要发挥主观能动性，使读者"好之"；如果原文能给读者乐趣，而译文不能，那译者也要发挥主观能动性，使读者也"乐之"。进一步说，假如原文不能使读者喜欢，不能给读者乐趣，译者也要"从心所欲"，充分发挥主观能动性，使读者喜欢译文，给读者带来乐趣。这就是中国学派的文学翻译理论和西方的译论最大的不同之点。德莱顿所说的三种翻译方法，强调的都是"不逾矩"，如果逾矩，那就是"改写"，不是翻译了。中国学派强调的却是"从心所欲"。西方译论强调"知之"，中国学派强调"知之"之外，还要"好之"、"乐之"。换句话说，"知之"是文学翻译的最低要求，"好之"是更高的要求，"乐之"是最高的标准。"知之"要解决的是"真"的问题，是"必然王国"的问题，"好之"、"乐之"要解决的是"善"和"美"，是"自由王国"的问题。简单说来，知之求真，好之求善，乐之求美。

文学翻译，尤其是诗歌翻译，如何能达到真善美的境界呢？一般说来，诗歌具有"三美"：意美、音美、形美。鲁迅说过：意美以感心，音美以感耳，形美以感目。既然诗歌本来就有"三美"，所以译文最好也有"三美"。即使原文不是"三美"俱备，译者也可以发挥主观能动性，译出

更美的诗来。下面就来举例说明。痖弦《如歌的行板》前三
行是：

> 温柔之必要
> 肯定之必要
> 一点点酒和木樨花之必要

　　原文只是罗列四个现象：温柔、肯定、一点酒、木樨
花，如果译成温柔和肯定一样必要，一点点酒和木樨花一
样必要，那就可以增加一点对比的意美了。又如卞之琳的
《断章》：

> 你站在桥上看风景，
> 看风景人在楼上看你。
> 明月装饰了你的窗子，
> 你装饰了别人的梦。

　　原诗没有用韵，译文如果画蛇添足，加上韵脚：

> 你站在桥上看风景，
> 楼上人看你也是一样的心情。
> 明月照得窗户朦胧，
> 你也装饰了别人的梦。

　　译文虽然有损原诗，但是否也增加了一点音美？最后来
看形美问题。白荻在《流浪者》中为了把流浪者写得和天边

的一棵树一样孤单，把"在地平线上"五个字分写五行，并且重复如下：

一株丝杉

　丝杉

　　在

　　　地

　　　平

　　　　线

　　　　　上

英文的"地平线"（horizon）是一个词，但有三个音节（ho-ri-zon），如果一个词一行，那就只有三行，显不出流浪汉和树的孤单来。如果把"地平线"英文的三个音节分写成三行，那又不容易看出"地平线"的意义。如果要兼顾形美和意美，那就要译者"从心所欲"，发挥主观能动性，把"地平线"分成"水天相接的地方"，写成：

在

　水

　　天

　　　相

　　　接

　　　　的

　　　　地

　　　　方

这样才可以意美和形美兼顾了。从以上三个译例可以看出中国译者如何"从心所欲"而"不逾矩",如何把中国古今诗歌译成英文,使中国文化走向世界,使世界文化更加光辉灿烂。

这篇文章是《古今诗选一百首》英译本的序言。我出版了几十本中国古诗的英法译本,还没有出版过近代诗选。但我翻译的第一首诗却是现代诗,就是1939年4月28日大学一年级时翻译的林徽因的《别丢掉》,现在又翻译了二十几首,翻译的原则还是大学时从《论语》中学到的"从心所欲不逾矩","知之、好之、乐之"。几十年来,觉得还是中国译论更能解决中外互译问题。这篇文章是今年写的最后一篇了。现在要出文集,就把它当作后语罢。

2013年12月30日

译者的话

1

　　日本《读卖》月刊1994年1月号说："二十世纪在文化方面没给我们这一代留下多少有益的东西。"在文学方面呢？符家钦在《记萧乾》第40页上说："《尤利西斯》是乔伊斯的传世名著，与《约翰·克里斯多夫》、《追忆逝水年华》等被公认为20世纪的奇书。"这三本奇书是不是二十世纪给我们留下的传世名著呢？说来也巧，我和这三本书多少都有一点关系。我曾参加过《追忆逝水年华》第三本的校译，现在正重译《约翰·克里斯多夫》，只有《尤利西斯》这本"天书"，因为已有萧乾和金隄的两种译本，所以还没有硬碰过。

　　《记萧乾》第47页上说："乔伊斯故意把英文中 yes（是）、no（不是）开头字母互相调换。表面是文字游戏，但钱锺书在《管锥篇》里却破译为：'中国有唯唯否否的说法，nes、yo 正表达了辩证中你中有我、我中有你的对立关系，很有哲学意味。'旨哉斯言。"据说萧乾和文洁若的译文就是"唯唯否否"，金隄如何翻译？我不知道。但我想到，还可以有几种不同的译法。第一，原文既是文字游戏，故意把 yes、no 开头的字母互相调换，那么，翻译也可以用形似的方法，把"是"、"否"两个字的上半和下半互相调换，创造两个新字:"歪"("否"头"是"尾)和"昰"("是"头"否"尾)。原文是天书,译文也是天书;原文唯唯否否,译文也"是"中有"否","否"中有"是"。第二,yes、no也可译成"有"和"无"。那么nes、yo就可译成"无头有尾,有头无尾"。第三,如嫌"头尾"哲学意味不重,可以考虑译成"无始有终,有始无终",或"有始有终,无终无始"。第四,还可考虑用合词法译成"有无相生相灭",或再用分词法译为"无中生有,有中存无"。第五,如果认为"有无"不如"是否"或"是非",也可考虑译成"似是而非,似非而是",或"是是非非,非非是是",甚至套用成语"此亦一是非,彼亦一是非"。这样看来,原文越是模糊朦胧,译文越可丰富多彩,这也可以看做是两种文字的竞赛吧。

2

如果说20世纪在世界文学方面给我们留下了三本奇书,那么,在中国翻译方面有没有留下什么传世名著呢?根据我一家之言,我认为也有三部名译,那就是朱生豪的《莎士比亚全集》、傅雷的《巴尔扎克选集》和杨必的《名利场》。我和这三部名译,也多少有一点关系,我写过研究《罗密欧与朱丽叶》、《安东尼与克柳芭》的论文,译过一本巴尔扎克的小说,现在有出版社问我"敢不敢重译《名利场》"。

关于朱生豪,我的一家之言是"才高于学"。据《朱生豪传》的作者告诉我,朱生豪夫人认为这一语中的。钱锺书先生在《林纾的翻译》中说:"最近,偶尔翻开一本林译小说,出于意外,它居然还没有丧失吸引力。我不但把它看完,并且接二连三,重温了大部分的林译,发现许多都值得重读，尽管漏译误译随处都是。我试找同一作品的后出的——无疑也是比较'忠实'的——译本来读，比如孟德斯鸠和迭更司的小说，就觉得宁可读原文。这是一个颇耐玩味的事实。"我读朱译就和钱先生读林译有同感。这说明"忠实"只是文学翻译的低标准，"有吸引力"才是高标准。换句话说，"学高于才"的人可以译得"忠实"，"才高于学"的人却可以译得"有吸引力"。如果才学都高，译得既"忠实"又"有吸引力"，既不"失真"又能"存美"，那自然更好。但事实上，这是很难做到的，下面就来举例说明。

莎士比亚《哈姆雷特》中的名句"To be, or not to be——that is the question"有十几种译法：

1. 生存还是毁灭，这是一个值得考虑的问题。（朱生豪）

2. 是生存还是消亡，问题的所在。（孙大雨）

3. 存在，还是毁灭，就这问题了。（林同济）

这三种译文大同小异译成"生存"或"存在"，"毁灭"或"消亡"。但这些词汇，更适宜用于集体，不适宜用于个人，因此，我认为不够"忠实"。

4. 死后还是存在，还是不存在——这是问题。（梁实秋）

5. "反抗还是不反抗"，或者简单一些"干还是不干"。（陈嘉）

这两种译文的理解与众不同，不是翻译界的共识，只能作为一家之言。梁实秋的译文，我早在1939年读过，当时的印象是"觉得宁可读原文"。

6. 是生，是死，这是问题。（许国璋）

7. 生或死，这就是问题所在。（王佐良）

这两种译文非常简练，但听起来像是哲学家在讲台上讨论问题，不像是剧中人在舞台上吐露衷情，与原文风格大不相同。许国璋研究语言，王佐良研究文体，但理论都没有联系实际。

8. 生存还是不生存，就是这个问题。（曹未风）

9. 活下去还是不活，这是问题。（卞之琳）

10. 活着好，还是死了好，这是个问题……（方平）

11. 应活吗? 应死吗? ——问题还是……（黄兆杰）

这四种译文代表了主流，但有没有联系舞台的实际、生活的实际呢? 生活中会不会问"活下去还是不活"呢? 如果想"活下去"，那就不会这样问; 如果不想活下去，或是有问题，那就该问: "死还是不死?"所以结合下文的 to die，我认为译文应该是:

12. 死还是不死? 这是个问题。

前十一种是译莎士比亚; 最后一种是译哈姆雷特，和前五种的分别是说什么的问题，和后六种的分别是怎么说的问题。

3

二十世纪三大奇书之一是《约翰·克里斯多夫》，中国三大名译之一是傅雷，那傅雷译的《约翰·克利斯朵夫》真是名著名译了。傅雷的译论言简意赅：第一，"翻译应当像临画一样，所求的不在形似而在神似"。第二，"理想的译文仿佛是原作者的中文写作"。（以上见《高老头》重译本序）第三，"在最大限度内我们是要保持原文句法的，但无论如何要叫人觉得尽管句法新奇而仍不失为中文。"第四，"只要有人能胜过我，就表示中国还有人，不至于'廖化当先锋'，那就是我莫大的安慰。"（以上见《翻译论集》，第548—549页）用我的话来说：第一，翻译要"得意忘形"；第二，翻译是再创作；第三，反对"洋泾浜"译文；第四，欢迎后继有人。傅雷的理论是否联系实际？让我们来读读他的译作：

> 他的相信社会主义是把它当作一种国教的。——大多数的人都是过的这种生活。他们的生命不是放在宗教信仰上，就是放在道德信仰上，或是社会信仰上，或是纯粹实际的信仰上，——（信仰他们的行业，工作，在人生中扮演的角色），——其实他们都不相信。可是他们不愿意知道自己不相信：为了生活，他们需要有这种表面上的信仰，需要有这种每个人都是教士的公认的宗教。（傅译第二本第422页）

傅译第一句的前半部分"他的相信社会主义"是"保持原文句法"的，如果是"原作者的中文写作"，大约不会说"他的相信……"。第一句的后半部分"过的这种生活"不够明确，过的哪种生活？"原作者的中文写作"可能要说清楚。第二句"他们的生命"放在信仰上，也不像"原作者的中文写作"，尤其是"信仰上"重复了四次之多；后半句甚至"行业"、"工作"、"角色"，都说成是"信仰"了，用词可能不当，不如后来改用的"相信"。最后一句"这种每个人都是教士的公认的宗教"又是"保持原文句法"，所以不像"原作者的中文写作"。总而言之，从以上几个例子看来，傅雷的译文不是"理想的译文"，原因就是他"最大限度内"要"保持原文句法"。因此，如果要使译文比较理想，那就要把像"原作者的中文写作"放在第一位，"保持原文句法"如果不像"原作者的中文写作"，那就不必"保持原文句法"。根据这一家之言，我把这段改译如下：

　　　　他对社会主义的信仰就像一种宗教信仰——大多数人都是靠信仰过日子，他们不能没有信仰，不管是宗教上、道德上、社会上，或实际上的信仰，——如相信自己的行业、工作，自己在生活中扮演的角色是有用的，——其实，他们哪样也不相信。不过，他们不愿意了解自己的真面目，因为他们需要信仰的假象才能生活下去，每个人都需要冠冕堂皇的宗教，才能成为信徒。

　　我觉得新译不如傅译"形似"，但更"神似"。

4

《中国翻译》今年第2期发表了罗国林的《风格与译风》，文中引用林语堂的话说："译艺术文最重要的，就是应以原文之风格与其内容并重。不但须注意其说什么，并且注意怎么说法。""凡译艺术文的人，必须先把其所译作者之风度神韵预先认出，于译时复极力发挥，才是尽译艺术文之义务。"但是，如果"怎么说法"和"风度神韵"有矛盾怎么办？例如刚才讲的傅译和新译，如以"怎么说法"而论，那是傅译更近原文风格；如以"神似"而论，却是新译更近原文风格。罗国林自己也承认：翻译界对风格问题"争论不休，难以达成共识"。那与其争论傅译与新译哪种更近原文风格，不如直接问哪种译文更能使读者知之、好之、乐之。所谓"知之"，就是知道原文说了"什么"；所谓"好之"，就是喜欢译文这个"说法"；所谓"乐之"，就是读来感到乐趣。自然，要使读者"知之、好之、乐之"，首先要译者自己"知之、好之、乐之"；自己"知之、好之、乐之"，能否引起读者共鸣，那就要实践来检验了。

其次，罗国林反对"美文风"，反对"四字词组"，说"小说语言里使用那么多四字词组，总让人疑心是要掩盖表现手段的贫乏"。四字词组是"表现手段的贫乏"吗？本文开头译 nes、yo 时，用了"是中有否，否中有是"，"无头有尾，有头无尾"，"无始有终，有始无终"，"无中生有，有中存无"，"似是而非，似非而是"等十几个四字词组，表现手段多么丰富！请问不用四字词组，译得出这本"天书"中的哲学意味吗？早在本世纪初，英国哲学家罗素就说过：中国文化在三方面胜过西方文化：第一，在艺术方面，象形文字（包括四字词组）高于拼音文字；第二，在哲学方面，儒家的人本主义优于宗教的神权思想；第三，在政治方面，"学而优则仕"胜过贵族世袭制。法国诗人瓦雷里也说过："有无相生、长短相成的这种对称排比的表达方式……是人类高度文明的表现。"（转引自《中国比较文学通讯》1992年第4期）这种"人类高度文明的表现"，却被有些人污蔑为"陈词滥调"。即使是"陈词滥调"，只要使用得当，也是可以化腐朽为神奇的。

再次，罗国林反对"发挥译语优势论"。所谓"发挥译语优势"，就是要用译语中最好的表达方式；它的反面，是所谓的"等值"的表达方式。例如《红与黑》第一章第三段一句有两种译文：

> 1. 这种劳动（把碎铁打成钉）看上去如此艰苦，却是头一次深入到把法国和瑞士分开的这一带山区里来的旅行者最感到惊奇的劳动之一。（沪译）
> 2. 这种粗活看来非常艰苦，头一回从瑞士翻山越岭到法国来的游客，见了不免大惊小怪。（湘译）

第一种译文是罗国林所谓读者"比较看好"的"等值"译文，第二种是读者"并不看好"的"发挥了汉语优势"，用了"四字词组"的"美文"。请问哪种译文更能使人"知之、好之、乐之"呢？译文到底是应该"等值"，还是应该"发挥译语优势"，用"翻山越岭"、"大惊小怪"等四字词组呢？

罗国林还反对译文语言和原文语言"竞赛论",这里有一个认识论的问题。译文语言和原文语言不可能字字句句完全"等值",比较起来,总是既有均势,也有优势和劣势的,如四字词组是汉语的优势之一,关系从句是英语的优势之一。如果翻译两种语言是"均势"的词句,那可以用"等值"的译法;如果翻译原文有"优势"的词句——如《红与黑》这句原文有关系从句——那译文语言就处于"劣势"地位;如不发挥译语优势,那就出现了处于"劣势"的上海译文。因此,译者一定要译语和原语竞赛,发挥译语的优势(如湖南译文的四字词组),这样才能扭转"劣势",争取"均势",如能取得"优势",那自然更好。如果不发挥译语优势,那汉译英时,汉语没有关系从句,英语也不该用关系从句,这样的英译文能使读者"知之、好之、乐之"吗?诺贝尔文学奖评奖委员会说:中国文学的英译本太"糟糕",就是因为"翻译腔"太严重,没有发挥译语的优势。几十年来,我国翻译界一直是"等值"占优势,这次《红与黑》讨论的结果就是一个例子。难道这还不是个惨痛的教训吗?难道中国译者还要坚持"洋泾浜"的译文?难道中国文学永远不要走向世界,不要外国读者"知之、好之、乐之"吗?我认为二十一世纪应该是世界文学的时代,所以提出要建立二十一世纪的世界文学。

但是,罗国林又来反对了。他说:"笔者百思弄不明白……所谓二十一世纪的文学,究竟是什么样子呢?"其实,早在五十年前,闻一多先生就在西南联大提出过:中国文学系和外国文学系应该合并,成立文学系或世界文学系,因为中国文学系的学生不能够不懂外国文学。这是二十世纪四十年代的事。难道到了二十一世纪，中国还应该有不懂外国文学的作家吗？所以我认为要建立二十一世纪的世界文学。但作家不可能都精通外文，因此，翻译文学就要提到更高、更重要的地位了。除非一国创作的文学作品占了世界文学二分之一以上，否则创作的数量总不如翻译多。因此，翻译的质量也应该提高到创作的同等地位；一定要反对"翻译腔"，也就是傅雷说的，要使"译文仿佛是原作者的中文写作"。用我的话来说就是：一流作家不会写出来的文字，翻译文学中也不应该出现。一个角色不会说的话，也不该搬上舞台。如前面提到哈姆雷特的名句，说"活下去还是不活？"那会使听众认为哈姆雷特在发神经病，所以不如改成"死还是不死？"才符合舞台角色的心情，才"仿佛是原作者的中文写作"。

这还只说了翻译文学的一面，还有另一面是要把中国文学译成外文，首先是译成全世界最通行的英文，使之成为世界文学的一部分，这才是建立二十一世纪的世界文学。由于英文和中文使用的人最多，差距最大，所以没有出版过中英互译作品的人，恐怕是很难提得出解决中英互译问题的理论的，因此这个重任就要落在有互译经验的译家身上了。我曾模仿老子《道德经》写了一篇《译经》："译可译，非常译；忘其形，得其意。得意，理解之始；忘形，表达之母。故应得意，以求其同；故可忘形，以存其异。两者同出，异名同理：得意忘形，求同存异，翻译之门。"这也算一家之言吧。

《光明日报》1996年6月24日登了李政道的《名家新见》："艺术，例如诗歌、绘画、雕塑、音乐等，用创新的手法去唤起每个人的意识或潜意识中深藏着的已经存在的情感。情感越珍贵，唤起越强烈，反响越普遍，艺术就越优秀。"我看这也包括翻译的艺术在内。

文学翻译与中国文化梦

《莎士比亚选集》代序

（一）

我国要建设成社会主义文化强国，在我看来，这就是要实现中国文化梦。要实现中国文化梦，对于一个文学翻译工作者来说，一方面要把外国优秀的文学作品译成中文，另一方面又要把中国优秀的文学作品译成外文，使中国文化走向世界，使世界文化更加光辉灿烂。由此可见文学翻译对实现中国文化梦的重要性。

如何吸收外国文化，又使本国文化走向世界呢？这就和翻译理论有关系了。目前在世界上流行的，是西方的对等（Equivalence）翻译理论，因为西方语文如英、法、德、俄、西等，据电子计算机统计，约有90%的语汇有对等词，所以西方语文互译时，基本可用对等译法。但中国语文和西方语文大不相同，只有40%多语汇有对等词。所以对等译论只有一半可以应用于中西互译。那不对等的一半，不是中国的表达方式胜过西方，就是西方的表达方式胜过中国。换句话说，不是中文占优势，就是西方语文占优势。所以在中西互译的时候，应该避免劣势，争取均势，最好尽可能发挥译语的优势（Excellence），这就是中国文学翻译的发挥译语优势论或"优化论"。

全世界有十三亿人用中文，约有八亿人用英文，中文和英文是世界上使用得最多的语文，因此中英互译是世界上最重要的语际翻译。不能解决中英互译问题的理论不能算是重要的国际译论。对等译论只能解决大约50%的中英互译问题，还有一半不能解决，而中国的"优化论"却基本可以解决中英互译问题。事实上全世界有史以来，还没有一个西方翻译家既出版过中译英的文学作品，又出版过英译中的西方名著，而中国却有不少能中英互译的翻译家。所以中国的文学翻译理论是经过实践检验的。

中国翻译理论家钱锺书说过："艺之至者，从心所欲，而不逾矩"。意思是说：艺术的最高境界，要发挥主观能动性，又不违反客观规律。联系到文学翻译上来，文学翻译不是科学，不是1＋1＝2的数学，而是艺术，是1＋1＞2的优化艺术。"从心所欲不逾矩"出自《论语》第二章，距今已有两千五百多年，可见中国文学翻译理论源远流长。《论语》第六章中又说："知之者不如好之者，好之者不如乐之者。"应用到文学翻译上来，就是说：译文首先要使读者知道作者说了什么，其次要使读者喜欢听作者的话，喜欢读译者的译文，最好是要读者读后感到乐趣。换句话说，"知之"解决"真"的问题，"好之"解决"善"的问题，"乐之"解决"美"的问题。文学翻译的第一标准是求真，第二求善，第三求美。求真是低标准，求善是中标准，求美是高标准。西方译论要求对等，只停留在求真阶段，还在必然王国进行斗争；中国译论早已超过求真，已经进入自由王国求善求美了。简单说来，这就是中国译论和西方译论不同之点。西方译论只要求"不逾矩"是消极的；中国译论不但要求"不逾矩"，还要求"从心所欲"，是积极的。

下面就来举例说明，莎士比亚在《安东尼与克利奥佩特拉》第三幕最后有一段对话，是写两千年前罗马大将安东尼在战败后和埃及女王谈到重整旗鼓的问题。现将原文和朱生豪的译文抄录如下：

Antony & Cleopatra **Act Ⅲ, Scene 13**

Cleopatra　That's my brave lord!

　Antony　I will be treble-sinew'd, hearted, breath'd,

　　　　　And fight maliciously: for when mine hours

　　　　　Were nice and lucky, men did ransom lives

　　　　　Of me for jests; but now I'll set my teeth,

　　　　　And send to darkness all that stop me. Come,

　　　　　Let's have one other gaudy night: call to me

　　　　　All my sad captains; fill our bowls once more;

　　　　　Let's mock the midnight bell.

Cleopatra　It's my birth-day:

　　　　　I had thought to have held it poor; but, since my lord

　　　　　Is Antony again, I will be Cleopatra.

　Antony　We will yet do well.

Cleopatra　Call all his noble captains to my lord.

　Antony　Do so, we'll speak to them; and to-night I'll force

The wine peep through their scars.

Come on, my queen;

There's sap in't yet! The next time I do fight,

I'll make Death love me; for I will contend

Even with his pestilent scythe.

(*Exeunt all but Enobarbus.*)

Enobarbus   Now he'll outstare the lightning. To be furious

Is to be frighted out of fear, and in that mood

The dove will peck the estridge; and I see still

A diminution in our captain's brain Restores

his heart. When valour preys on reason,

It eats the sword it fights with. I will seek

Some way to leave him (*Exit*)

朱生豪译文：

克利奥佩特拉　这才是我的英勇的主！

安东尼　我要使出三倍的膂力，三倍的精神和勇气，

做一个杀人不眨眼的魔王；因为当我命运顺利

的时候，人们往往在谈笑之间邀取我的宽赦；

可是现在我要咬紧牙齿，把每一个阻挡我去路

的人送下地狱。来，让我们再痛痛快快乐他一

晚；召集我的全体忧郁的将领，再一次把美酒

注满在我们的杯里；让我们不要理会那午夜的

钟声。

克里奥佩特拉　今天是我的生日；我本来预备让它

在无声无息中过去，可是既然我的主仍旧是原来的安东尼，那么我也还是原来的克利奥佩特拉。

安东尼　我们还可以挽回颓势。

克利奥佩特拉　叫全体将士都来，主上要见见他们。

安东尼　叫他们来，我们要跟他们谈谈；今天晚上我要把美酒灌得从他们的伤疤里流出来。来，我的女王；我们还可以再接再厉。这一次我临阵作战，我要使死神爱我，即使对他的无情的镰刀，我也要作猛烈的抗争。

（除爱诺巴勃斯外皆下。）

爱诺巴勃斯　现在他要用狰狞的怒目去压倒闪电的光芒了。过分的惊惶会使一个人忘怀了恐惧，不顾死活地蛮干下去；在这一种心情之下，鸽子也会向鸷鸟猛啄。我看我们主上已经失去了理智，所以才会恢复了勇气。有勇无谋，结果一定失败。我要找个机会离开他。（下。）

　　比较一下原文和译文的第一句，"我的英勇的主"可以说是对等的译文，能够使人知之。原文是埃及女王赞美罗马大将安东尼的话，译文读来却像一个普通将士的语言，不如用分译法改成"这才是我的主子，我的英雄"，可以更好表达女王对安东尼的感情。

　　安东尼的第一句话用了新的表达方式 treble-sinew'd，hearted，breath'd，译文"三倍的膂力，三倍的精神和勇气"可以说基本上是对等的译文，但是莎士比亚文风的特点是用字具体而新奇，"膂力"虽然基本对等，却无新奇之感，这时就可以"从心所欲"，发挥译者的主观能动性，译为"变成三头六臂"，不但可以使读者知之，而且可能好之。treble-hearted 中的 heart 是"心"的意思，这里可能是指三倍心力，译成"三倍的精神"能否使人知之？一般只说勇敢的精神，不怕艰苦的精神，也可以说比人勇敢三倍，即使艰苦增加三倍，但三倍的精神却不够明确。如果要用对等译法译成"三心"，那中文有个成语"三心二意"却是犹豫不决的意思，和这里的意义不同。能不能改成"三心一意"？那倒是符合莎士比亚用词新奇的文风，但是能否使人知之、好之，那就要考虑了。treble-breath'd 中的 breath 是呼吸、呼气、吸气的意思，译成"勇气"，倒可使人知之，加上前面两个字，说成"三心一意的勇气"，是否可算"从心所欲不逾矩"呢？第一句的后半 maliciously 是"不怀好意"或"心怀恶意"的意思，译成"杀人不眨眼的魔王"是否太重？从心所欲是否有点逾矩？可以考虑改成"毫不容情"。

安东尼的第二句话说 when mine hours were nice and lucky，译成"当我命运顺利的时候"，似乎是对等的译文。莎士比亚接着说：men did ransom lives of me for jests，ransom 是"赎买"的意思，用得很好，可以看出莎士比亚用词具体的风格；jest 是"开玩笑"，朱译是"人们往往在谈笑之间邀取我的宽赦"，看来似乎对等，其实意思并不相同。"命运顺利"不如说是"走运"，在战场上也不可能像文人雅士那样"谈笑"风生，作者其实是说：战士假如听见对手开了一个有风趣的玩笑（如金圣叹临死前告诉儿子花生与豆腐干同食有火腿味），就饶了他的性命。"宽赦"改成"饶命"才能表达莎士比亚的风格，才能看出安东尼的大将风度，才能使人知之、好之，甚至乐之。第二句的后半译文说"咬紧牙齿"不如说"咬紧牙关"，"阻挡去路"译得不错，send to darkness 译成"送下地狱"是把抽象的"阴暗"具体化，如果改成"归阴"，那就形式、内容都统一了。第三句的 gaudy night 译成"痛痛快快乐他一晚"很好，是把形容语译成状语了。第四句的 sad captains 译成忧郁的将领，是指性格，不如"泄了气的将士"指状态，更合安东尼的大将风格。最后 mock 是嘲笑、无视的意思，说夜半钟声都没听见，一夜就过去了，译成"不要理会"不能使人知之，改为"让夜半钟声沉没在我们的欢笑声中"好一点，但也没有体现莎士比亚的风格。

埃及女王第二句话说 hold my birth-day poor，"poor"本来是"穷"的意思，这里译成让生日在"无声无息"中度过，体现了莎士比亚用词的风格，但也可以说是"悄悄"度过，可能更符合实际。后半句在安东尼二人前加了"原来的"，可以说是对等的翻译；如果说是"我的主子恢复了安东尼的英雄气概，我怎能失去女王的美丽光彩？"那就可以算是从心所欲不逾矩了。

安东尼的答话"我们还可以挽回颓势"译得不错，但那就表示承认失败了，和安东尼的性格不相符，不如从正面说："我们还是大有可为的"。安东尼下面还说：I'll force the wine peep through their scars. "peep"是"偷看"的意思，这里莎士比亚把"酒"人格化了，说要战士喝酒，喝得酒偷偷地从伤疤里冒出来，译文说是"流出来"，那就不如

"冒出来"或"涌出来"更能体现莎士比亚用词的风格。安东尼接下来说的话的译文是:"我们还可以再接再厉。""再接再厉"是一次又一次地继续努力的意思,安东尼上次海战临阵逃脱,没有努力,所以用"再接再厉"就逾矩了,不如说是心有余力。最后,安东尼说:等我再上战场,I'll make Death love me。这又是典型的莎士比亚语言,把常用词都用活了,译文是"我要使死神爱我",这又是典型的对等译文,但是什么意思呢?不太清楚,译文接着说:"即使对他的无情的镰刀,我也要作猛烈的抗争。"死神无情,我也无情,死神怎么会爱我呢?前后似乎矛盾。勉强的解释是:英雄惜英雄,无情爱无情。但也可以有不同的解释,不同的译文:我要和死神重温鸳梦,使我的利剑和他的尖刀并驾齐驱。把死神爱我译成"重温鸳梦",是把"爱"具体化为"鸳鸯梦",这倒是符合莎士比亚用词具体的风格,在梦中死神用传播瘟疫的镰刀杀多少人,我就用我的刀剑杀多少,杀得死神都爱我了。这个译文是不是比朱译更能使人知之,甚至好之、乐之呢?这就要由读者来决定了。

最后一段爱诺巴勃斯的独白是第三者对安东尼的评价。第一句说:安东尼要 outstare the lightning,"outstare"又表现了莎士比亚用词具体的文风,译文是:他要用狰狞的怒目去压倒闪电的光芒了。后半虽然不错,但前半似乎是说安东尼主动要用目光去压倒电光,其实这只是爱诺巴勃斯的主观看法:安东尼的目光可以压倒电光。译文加了"狰狞"二字,也不符合部将的身份,整句译文有点"逾矩",可以改为:他的目光简直要吓得电光失色了。第二句用了 furious 一词,只是"愤怒"的意思,译成"过分的惊惶",并且说

"会使一个人忘怀了恐惧"，那就不确切了，其实是说：吓得胡思乱想不过是吓破了胆。第三句 in that mood 译成"在这一种心情之下"，从字面上看似乎不错，但下面说的是鸽子，鸽子怎么会有心情呢？如果要拟人化，那就不如改成"一怒之下"了。第四句译文说：主上失去了理智，所以才会恢复了勇气。前半是贬，后半是褒，读来似乎褒多于贬，其实原文是贬语，不如改为：主帅是头脑发热，勇气也升温了。第五句 When valour preys on reason, it eats the sword，译文是：有勇无谋，结果一定失败。前半是成语，看来译得很好，但是原文"prey"（捕食，掠夺）和"eat"（吃，吞）都很具体，译文却没有表现莎士比亚的风格，可否改成：如果勇气战胜（或剥夺）了理性，人也可以吞下宝剑的？最后一句译文"找个机会离开他"是对等译法，也可译成"另谋出路"。现在，根据以上意见，可以得出新译如后：

> 克柳葩：这才是我的主子，我的英雄。
>
> 安东尼：我要变成三头六臂，鼓起三心一意的勇气，进行毫不容情的战斗。在我兴高采烈的时候，我还会宽宏大量，饶人一命。但是现在，在我咬紧牙关的时刻，谁敢阻挡我的去路，那就是死路一条。让我们再来一个狂欢痛饮之夜，给泄了气的将士鼓起干劲，给他们大碗喝酒，大块吃肉，让夜半钟声沉没在我们的欢笑声中吧！
>
> 克柳葩：今天是我的生日，我本来打算悄悄度过，现在我的主子又恢复了安东尼的英雄气概，我

怎能失去克柳葩的美丽光彩呢?

安东尼:我们还是大有可为的。

克柳葩:要三军将士来见他们的主帅!

安东尼:立刻照办,不得有误! 今夜,我要灌得他们的伤疤冒出酒来。

　　来吧,我的女王,我们还心有余力呢。等我再上战场,我要和死神重温鸳梦,使的利剑和他的尖刀并驾齐驱!

(众下。艾诺巴留场上。)

艾诺巴:他的目光简直要吓得电光失色了。胡思乱想其实是吓破了胆,一怒之下,小鸽子也敢去啄老鹰。我看主帅是头脑发热,勇气也升温了,如果勇气战胜了理性,剥夺了理智,人也是可以吞下宝剑的。看来我得另谋出路了。(下。)

最后,凯撒谈到埃及女王之死,朱生豪的译文摘要如下:

　　啊,英勇的柔弱! ……瞧她好像睡去一般,似乎在她温柔而有力的最后挣扎之中,她要捉住另外一个安东尼的样子……她将要和她的安东尼同穴而葬; ……他们这一段悲惨的历史,成就了一个人的光荣,可是也赢得了世间无限的同情。

再看《莎士比亚选集》中的译文:

　　啊。高贵的弱者! ……她看起来却在安眠中,仿佛要

用睡梦的媚态再网罗一个安东尼呢!……她应该和她的
安东尼生同寝而死同穴……他们悲惨的故事赢得的同情
不下于我们的丰功伟绩带来的荣誉。

<h2 style="text-align:center">（二）</h2>

莎士比亚在 *Hamlet*（朱生豪译《哈姆莱特》、卞之琳译
《哈姆雷特》，许渊冲译《哈梦莱》）第三幕第一场中有一
段最著名的哈梦莱的独白，第一行的原文是：

To be or not to be—that is the question

译文至少有十种，现在分别讨论如下：

1. 生存还是毁灭，这是一个值得考虑的问题。（朱
生豪）

"毁灭"一般用于集体，而哈梦莱思考的是个人问题，
这里用"毁灭"不太恰当。"值得考虑"也有问题，试想哈
梦莱一个人自言自语，会不会说"值得"？我看多半不会。
所以这个译文基本不可以用。

2. 是生存还是消亡，问题的所在。（孙大雨）

"消亡"和"毁灭"一样，一般不能用于个人，甚至不
用于人，而只用于物，所以孙译比朱译问题更大。尤其是孙
译主张以顿代步，这就是说，莎士比亚原文是五音步抑扬格

的素体诗：

To be/or not/to be/that is/the question

孙译把五音步译成五顿如下：

是生存/还是/消亡，/问题/的所在。/

这个译文为了以顿代步，根本不能上演，如果搬上舞台，会完全改变哈梦莱的形象，可能引起哄堂大笑。因为译文把音似、形似看得太重，不知道莎士比亚的特点是传情达意，用词具体，而不是用素体诗的格式。换句话说，莎剧即使不是素体诗，也是可以受到欢迎的；如果为了音似、形似而有损于原文的意美、音美、形美，那就是本末倒置，得不偿失了，所以孙译比朱译更不可取。

3. 存在，还是毁灭，就这问题了。(林同济)

林译和孙译一样以顿代步，先抑后扬胜过孙译，"存在"不如"生存"，"就这问题了"似乎是说没有别的问题了，反而不合原意，这里不再详细讨论。

4. 死后还是存在，还是不存在——这是问题。
(梁实秋)

梁译与众不同的是加了"死后"二字，仿佛哈梦莱思考的不是现在的生死问题，而是死后的人还存在不存在的问题。死后的人是指老哈梦莱,还是泛指任何人呢?无论指哪一个,和上下文都联系不上,反把哈梦莱甚至莎士比亚都变成莫名其妙的人了。看来梁译也不可取。

5. "反抗还是不反抗",或者简单点,"干还是不干"。(陈嘉)

"反抗"和"干"是哈梦莱性格的也是这次独白的次要方面。陈译却把"干"变成主要方面了。这和全剧思想不符,所以并不可取。

6. 是生,是死,这是问题。(许国璋)

7. 生或死,这就是问题所在。(王佐良)

许译和王译非常简练,但是听起来像是哲学家在课堂上讨论问题,不像是演员在舞台上演出,因为风格太不同了。

8. 生存还是不生存,就是这个问题。(曹未风)

"就是这个问题"似乎是说没有别的问题了,其实问题还多着呢。

9. 活下去还是不活,这是问题。(卞之琳)

10. 活着好,还是死了好,这是个问题,(方平)

看来还是卞译好些,但在实际生活中,一个人只会问"死还是不死"不会问"活不活"。方译则似乎在比较死活哪样好了。

比较十种译文，觉得都有改进的余地。最初我想改成"死还是不死"，但这就说明哈梦莱在考虑的，是死的问题，把"死"的可能性看得大于"生"的可能性，这可能并不符合实际情况，最后决定改成：

要不要这样过日子？

这就难了。"过日子"可以表示在生和死的斗争中活下去，可能更接近哈梦莱或莎士比亚的原意，但这只是个人一得之见，发挥了译者的主观能动性，又没有违反客观规律。如果译文能使读者知之、好之、乐之，那就使翻译的艺术向前走了一步，自然走得越远越好。

哈梦莱的独白之后有一段和他情人的对话，不好翻译，现在先把原文和两种译文抄录于后：

Ham. Ha, ha! are you honest?

Oph. My lord?

Ham. Are you fair?

Oph. What means your lordship?

Ham. That if you be honest and fair, your honesty should admit no discourse to your beauty.

Oph. Could beauty, my lord, have better commerce than with honesty?

Ham. Ay, truly; for the power of beauty will sooner transform honesty from what it is to a bawd than the force of honesty can translate beauty into his likeness...

> 哈姆莱特：哈哈！你贞洁吗？

> 奥菲莉娅：殿下！

> 哈姆莱特：你美丽吗？

> 奥菲莉娅：殿下是什么意思？

> 哈：要是你既贞洁又美丽，那么你的贞洁应该断绝跟你的美丽来往。

> 奥：殿下，难道美丽除了贞洁以外，还有什么更好的伴侣吗？

> 哈：嗯，真的；因为魅力可以使贞洁变成淫荡，贞洁却未必能使美丽受它自己的感化……

上面是朱生豪的译文，卞之琳的译文大同小异，只是把"来往"改成"交往"，最后一句改成："因为美丽的力量倒容易把贞洁点化成淫荡，贞洁的力量可难于把美丽改成了像它自己的样子。"读后觉得译文没有使我知之，更不用说好之、乐之了。为什么呢？我觉得朱译和卞译用的是西方对等或等化的译法，而不是东方或中国学派的"优化法"。现在试把"贞洁"优化为"美德"，"美丽"优化为"美貌"，"淫荡"优化为"卖笑"，看看是否更容易使人"知之"。

> 哈梦莱：哈，哈！你有美德吗？

> 莪菲莉：殿下？

> 哈梦莱：你有美貌吗？

> 莪菲莉：殿下是什么意思？

哈梦莱：如果你有美德又有美貌，美德就不会容许别人破坏你的美貌。

茇菲莉：殿下，难道还有什么比美德更能保护美貌的吗？

哈梦莱：对，说得不错，但是美貌有力量使美德的笑脸变成卖笑的脸孔，而美德却没有力量使卖笑女变成有德的美人。

新译可以使人知之，因为它是"从心所欲不逾矩"的优化译文，而旧译只是对等或等化的译文。优化的译文不但可以胜过前人，有时甚至可以胜过原文。

其实，朱生豪和卞之琳的译文也有"从心所欲"的优化译文，例如第三幕第二场有一段戏中国王的唱词，现将原文、朱译、卞译、许译抄录如下：

Full thirty times hath Phoebus' cart gone round
Neptune's salt wash and Tellus' orbed ground,
And thirty dozen moons with borrowed sheen
About the world have times twelve thirties been,
Since love our hearts and Hymen did our hands
Unite commutual in most sacred bands.

（朱译）
日轮已经盘绕三十春秋，
那茫茫海水和滚滚地球，
月亮吐耀着借来的晶光，
三百六十回向大地环航，

自从爱把我们缔结良姻，

许门替我们证下了鸳盟。

（卞译）

"金乌"流转，一转眼三十周年，

临照过几番沧海，几度桑田，

三十打"玉兔"借来了一片清辉，

环绕过地球三百又六十来回，

还记得当时真个是两情缱绻，

承"月老"作合，结下了金玉良缘。

（许译）

太阳神的飞车三十年来来回回

飞越海神和大陆神的千山万水。

三百六十个月夜借来一片光辉，

十二个月的良宵美景令人心醉。

爱情使我们心心相印，比翼齐飞，

婚姻女神让我们结合，夫唱妇随。

　　原文第一行的 Phoebus 音译是"菲比斯"，意译是太阳神，许译"太阳神的飞车"基本上"不逾矩"，但也加了一个"飞"字，朱译把"车"换成"轮"字，就可以算是从心所欲，卞译把太阳译成"金乌"（金色的乌鸦）更是从心所欲了。go round 分别译成"盘绕"、"流转"、"来来回回"都是"从心所欲不逾矩"的译文，只是程度不同而已。"三十春秋"比"三十周年"更从心所欲，也就更有诗意。第二行意译是"海神的咸水和陆地女神球形的大地"，其实意思就是大海和大陆，可见莎士比亚也随心所欲了。所以朱译加上"茫茫"、"滚滚"，更有文采；卞译用了"沧海桑田"的典故，使空间美更增加了时间美。"玉兔"也是一样，许译"千山万水"则更有现代意义。原文第三、四行重复"三百六十"的内容，却不重复数字。这两行卞译最不逾矩；许译却从心所欲，加了"良宵美景令人心醉"，是否画蛇添足，可以考虑。最后两行的意思是：爱情把我们的心，婚姻女神把我们的手结合起来了。"婚姻女神"朱生豪音译为"许门"，卞之琳借用中国典故译成"月老"，借译似乎比音译好，但我觉得不如意译。其他部分朱译如"缔结良姻"、"证下鸳盟"，卞译如"两情缱绻"、"金玉良缘"，许译如"心心相印"、"比翼齐飞"、"夫唱妇随"，都是从心所欲之译。由此可见，运用中国学派的翻译理论，莎士比亚并不是不可翻译，甚至也不是不可超越的。

莎士比亚的特点，从内容上看来，是现实主义和浪漫主义相结合；从形式上看来，可能是用词生动而具体。例如《哈梦莱》第四幕最后一场有王后和拉尔提的对话，现将原文和朱生豪的译文抄录于后：

Queen: One woe doth tread upon another's heel,

So fast they follow. Your sister's drowned, Laertes.

Laertes: Drown'd! O, where?

Queen: There is a willow grows aslant a brook,

That shows his hoar leaves in the glassy stream;

There with fantastic garlands did she come

Of crowflowers, nettles, daisies and long purples,

That liberal shepherds give a grosser name,

But our cold maids do dead men's fingers call them.

There on the pendent boughs her coronet weeds

Clambering to hang, an envious sliver broke,

When down her weedy trophies and herself

Fell in the weeping brook. Her clothes spread wide;

And, mermaid-like, awhile they bore her up:

Which time she chanted snatches of old tunes;

As one incapable of her own distress,

Or like a creature native and indued

Unto that element: but long it could not be

Till that her garments, heavy with their drink,

Pulled the poor wretch from her melodious lay

To muddy death.

...

Laertes: Too much of water hast thou, poor Ophelia,

And therefore I forbid my tears; but yet

It is our trick, nature her custom holds,

Let shame say what it will. When these are gone,

The woman will be out. Adieu, my lord.

I have a speech of fire, that fain would blaze,

But that this folly douts it.

王后: 一桩祸事刚刚到来, 又有一桩接踵而至。雷欧
    提斯, 你的妹妹掉在水里淹死了。

雷欧提斯: 淹死了! 啊! 在哪儿?

王后：在小溪之旁，斜生着一株杨柳，它的毵毵的枝叶倒映在明镜一样的水流之中；她编了几个奇异的花环来到那里，用的是毛茛、荨麻、雏菊和长颈兰——正派的姑娘管这种花叫死人指头，说粗话的牧人却给它起了另一个不雅的名字。——她爬上一根横垂的树枝，想要把她的花冠挂在上面；就在这时候，一根心怀恶意的树枝折断了，她就连人带花一起落下呜咽的溪水里。她的衣服四散展开，使她暂时像人鱼一样漂浮水上；她嘴里还断断续续唱着古老的谣曲，好像一点不感觉到她处境的险恶，又好像她本来就是生长在水中一般。可是不多一会儿，她的衣服给水浸得重起来了，这可怜的人儿还没有唱完，就已经沉到泥里去了。

......

雷欧提斯：太多的水淹没了你的身体，可怜的奥菲利娅，所以我必须忍住我的眼泪。可是人类的常情是不能遏阻的，我掩饰不了心中的悲哀，只好顾不得惭愧了；当我们的眼泪干了以后，我们的妇人之仁也会随着消灭的。再会，陛下！我有一段炎炎欲焚的烈火般的话，可是我的傻气的眼泪把它浇熄了。

莎士比亚写莪菲莉之死，就是现实主义和浪漫主义相结合的一个例子，所以朱生豪的译文也文学味重，如王后说的"接踵而至"，但卞之琳的译文却更口语化，说是"灾祸一桩紧跟着一桩，"这就是浪漫主义和现实主义相结合了。下面这句是莎士比亚写淹死莪菲莉的小溪的：

There is/a wil/low grows/aslant/a brook

is 和 grows 同用，严格说来不合语法规则，这就是作者为了符合素体诗的规格（一个抑扬音步一顿）而损害了语法规律的例子。素体诗是不是莎士比亚诗剧的长处呢？换句话说，莎剧如果不用素体，是否就不能脍炙人口呢？孙大雨、卞之琳等认为素体诗是莎剧的长处，所以他们的译文以顿代步。有些评论者认为莎剧不用素体诗也可以流传于世，并且认为卞译有时胜过朱译，有时不如，不如朱译处往往正是迁就"以顿代步"的译文，由此也可说明莎剧即使不用素体诗，如果用词生动具体，还是可以脍炙人口。所以译文应该尽可能表现莎剧的长处，用生动具体的文字来翻译莎剧。接着上面的例子来说，王后谈到小溪和杨柳的时候，说到 hoar leaves in the glassy stream，朱译是"毵毵的枝叶倒映在明镜一样的水流之中"。"毵毵"是什么意思？不好理解，是不是"灿灿"？卞译是"银叶子映照在琉璃一样的溪水里"，柳叶怎么成了银叶子呢？其实，hoar 在这里只是浅色的意思，可以译成"在反映着浅绿垂柳的碧绿溪水中"，那莎剧深浅对比的美景才能耀入眼中，用来衬托美人之死，才能显出莎剧用词生动具体。王后在提到柳条时说：an envious sliver broke，朱译是"一根心怀恶意的树枝折断了"，卞译是"邪恶的枝条折断了"，两人都把柳条说成是心怀恶意的，甚至是邪恶的，这对原文的理解恐有问题。柳畔小溪对美人之死是不是同情的？朱译、卞译后面都说到溪水呜咽了，可见小溪对美人并无反感，那怎么会用恶意的词眼呢？所以两句译文都有问题，可以考虑译为：不料要和花环争风比美的柳枝却羞得折断了。美人死后，她的衣服 heavy with drink，原文把衣服拟人化，说衣服喝水太多，变得沉重了，这是莎剧用词具体的例子，但朱译只是"她的衣服给水浸得重起来了"，卞译也只把"浸"换成"泡"：她的衣裳泡水泡重了。不如改为：她喝饱了溪水的衣裳。同样的道理，王后最后谈到美人死在污泥的深渊中 pulled to muddy death，朱译是"已经沉到泥里去了"，卞译是"拖下泥浆里死了"，都没有译出深渊的形象，

最后一段雷欧提斯的话，原文中"喝水"和"泪水"的对照，女人的羞愧和男人的怒火，给人印象深刻，朱译却都平淡无味。现试改译如后，作为参考。"可怜的莪菲莉，你喝的水太多，我不能用泪水来加重你的负担了。但哭泣是天生的妙计，女人的羞愧和男人的悲痛都会随着眼泪而消逝，那就让我把女人的悲痛也哭掉吧！——再见，主公，我本来怒火中烧，现在却又被悲痛淹没了。"

总之，莎士比亚的现实主义可以从人物的生动描写中看出来，浪漫主义却表现在剧中人物语言的具体形象化上。例如王后对小溪垂柳的描述，安东尼和克柳葩的对话，用词多是具体而形象化的，其实，无论国王、王后、安东尼、克柳葩，都是莎士比亚自己在说话。所以译文也要译出莎剧语言的特点。但是已经出版的译本如何呢？我读得最早的是梁实秋的译本，当时的印象是：这样的莎士比亚怎么算得上世界名著呢？读了朱生豪的译本，觉得这才可以算是文学作

品。再后又读到卞之琳的译本，它的特点是以顿代步，以音美和形美而论，卞译胜过朱译，以意美而论，从对等的观点看来，也是卞译更对等。但是总的说来，卞译虽然可以使人知之，但却不如朱译更能使人好之，甚至乐之。因为卞译以顿代步，有时翻译腔严重，而据中国学派的译论家如钱锺书说，译文要读起来不像翻译，而像作者用译语写出来的作品才好。从这个观点看来，卞译不如朱译，其他后出的译本，几乎没有超过卞译的。朱译虽然是用文学语言，但不适合舞台演出，不像作者用译语写出的作品。如果译文要不像翻译，而像原作者的创作，那正是这部《莎士比亚选集》与众不同之处。

关于作者用译语写作的问题，我有过把自己的作品译成外语的经验，现在举例说明如后。1940年9月9日我写了一首《阳宗海之恋》，写大学时代和女同学携手下山的事，后又译成英文，现在把《逝水年华》中的中英文都抄在下面：

青山伴着绿水，

The mountain casts its shadow from above

山影在水中沉醉。

Into the lake with which it falls in love.

第一次挽着意中人的手

So hand in hand with Nancy I blend mine

肩并肩走下山丘。

Along the footpath bathed in moonshine.

唯恐手上的余香

Oh, how I am afraid

会流入遗忘的时光，

    Her perfume in my hand would fade.

就把手和十九年的生命

    I dip my hand into the lake to blend

投入一千九百岁的湖心，

    With the water its shade

要溶出一湖柔情

和湖水一样万古长青。

    To make her fragrance last without an end.

第一行的"伴着"英文说是"投影"，第二行的"沉醉"英文说是"爱恋"，第三行的"意中人"写出了英文名字，第四行的"肩并肩"说成影子混在一起，成对成双，"山丘"加上了"沉浸在月光中"的修饰语，第六行"会流入遗忘的时光"简化为"消失"、"褪色"，第七、八行的数字完全删了，最后两行的时空形象也都淡化了。可见同一个人写同一件事，用不同的语言，也会有不同的选择。写下来供译诗作参考吧。

又如2005年杨振宁和翁帆新婚时，我送了一首贺诗：

振宁不老松，The ageless wont grow old;

扬帆为小翁。You sail with your young bride.

岁寒情更热，Love will warm winter cold;

花好驻春风。With you will spring abide.

人名英译没有意义，所以说是没有年龄的人不会老，第三句说爱情会使寒冷的冬天变得温暖，我最满意，所以抄下来供参考。也可看出，同一作者用不同的语言，会用不同的表达方式。

（三）

我译《马克白》，根据的是英国皇家莎士比亚剧团的《莎士比亚全集》，参考了美国哈佛大学 Kittredge 教授的版本。译本参考了朱生豪的《麦克白》、卞之琳的《麦克白斯悲剧》，还有法兰西学院嘉奖的法译本。以前译的《哈梦莱》、《奥瑟罗》、《安东尼与克柳苪》参考的译本也是一样，不过《哈》剧和《安》剧的法译本是 André Gide（纪德）的改译本。比较一下各种译本，发现英文和法文相近，大约90%有对等词，所以基本可用对等译法。而中文和英文的对等词只有40%—50%，所以不能用对等译法，只能用中国学派提出的"从心所欲不逾矩"的创译法或优化法。"从心所欲"就是发挥主观能动性；"不逾矩"就是不超过客观规律允许的范围。现在就来举例说明。

《马克白》第二幕第三场守门人深夜听见有人敲门，以为是鬼来敲地狱的门了，就开玩笑说道：

Knock, knock, knock! Who's there? Faith, here's an English tailor come hither, for stealing out of a French hose: Come in, tailor; here you may roast your goose.

（朱译）敲，敲，敲！谁在那儿？哼，一定是什么英国的裁缝，他生前给人做条法国裤还要偷材料，所以到了这里来。进来吧，裁缝；你可以在这儿烧你的烙铁。

（卞译）生前做法国窄裤也偷了材料（其余大同小异）

原文最后三个词的对等译文是"烤鹅",英国皇家剧团本有两个注解:

heat up your tailor's iron (烧裁缝的烙铁)

have sex with your prostitute (和妓女打得火热)

朱译和卞译都译成烧烙铁,但原话是开玩笑,烧烙铁有什么可笑呢?我看这里是第二个解释,是偷情打得火热的意思,这时就要发挥主观能动性,说裁缝生前偷工减料,怎么死了还要到地狱里来偷情?偷情二字和偷工减料四字不对称,可以考虑用偷香窃玉,偷香窃玉太文雅,用在裁缝身上不太得体,那就可以说偷鸡摸狗,鸡狗都是小动物,译"烧鹅"更加合适。怎么找到最合适的词,就要发挥主观能动性了。

再举一个例子,《马克白》第五幕最后倒数第三段,马达夫杀死马克白后对苏格兰王子说:Hail, king, for so thou art, Behold, where stands / The usurper's cursed head。这两句的译文如下:

(朱译)祝福,吾王陛下! 你就是国王了。瞧,篡贼的万恶的头颅已经取来;

(卞译)陛下万福! 殿下是国王了。请看篡位贼狗头在此。

前半朱译更加对等,后半卞译更近原文。但是两种译文都看不出殿下怎么成了陛下。而且殿下、陛下太中国化,可以考虑改用下列译文：

> （献上马克白首级）特向王上献礼。主公已经夺回
> 王位了，这里是篡权夺位者的首级。

"献礼"似乎比"万福"更加恰当，夺回王位也比"是国王了"更加明确，最后点明"篡权夺位"就是画龙点睛了。举这两个例子是想进一步说明中国学派"从心所欲"的创译论比西方"不逾矩"的对等论更能解决中英互译的问题。

总而言之，研究各家译本，可以知道中国文学翻译理论是否胜过西方对等译论。我的结论是：中国译论水平之高，不在西方译论之下，可以进入世界文化的先进行列，使世界文化发展得更加光辉灿烂，这就是中国的一个文化梦。

2014年7月26日于北京大学

国际译联颁发文学翻译奖后

国际译联今年把杰出文学翻译奖授予中国译者，这是对中国学派的文学翻译理论和实践的一个高度评价。中国学派的文学翻译理论源远流长，据朱光潜、钱锺书两位教授指出："艺之至者，从心所欲，而不逾矩。""从心所欲"是孔子在《论语》第二章中提出来的，距今已有两千五六百年，用今天的话来说，就是要发挥主观能动性；"不逾矩"就是不能超过客观规律容许的范围。朱、钱二位先生认为这是艺术的最高境界。文学翻译不是科学，而是艺术。科学的特点是精确，科学语言要求内容和形式相等，公式是1+1=2；艺术的特点是精彩，艺术语言的内容可以大于形式，公式是1+1＞2。文学翻译是艺术，所以可以应用艺术规律，这就是说，译文要在不违反原文内容的情况之下，尽可能用最好的译语表达方式。这是中国学派文学译论和西方译论主要不同之点。西方译者主要是在西方语文之间进行翻译，而西方语文如英、法、德、西、俄等，据电子计算机统计，约有90%的语汇可以对等，所以它们之间的翻译可以用对等原则；而中国语文和西方语文大不相同，只有大约45%可以算是对等。所以中西互译不可能只用对等原则，因为没有对等词的55%怎么办呢？那不是译文比原文好，就是不如原文。一般说来，都是译文不如原文；所以要用最好的译文表达方式，才有可能赶上原文，如能超越，那不是更好吗？不是为人类创造新的精神财富，使人类的文化更光辉灿烂吗？因此中国学派提出的"从心所欲"是高标准，因为进入了自由王国；"不逾矩"是低标准，因为还停留在必然王国挣扎。换句话说，文学翻译要在不违反原文内容的条件之下，尽可能用最好的译语表达方式。西方译论只要求"不逾矩"，不要求"从心所欲"，这应用于科技翻译很好，如用于中西文学翻译就不行了。但是20世纪西方科学发达，国家强盛，中国刚刚解放，落后的方面都要向先进的学习。因此文学翻译理论，也提出要学习西方的"对等原则"。有的错误思想严重的译论者甚至认为中国翻译思想落后西方二十年。这就造成了中国翻译学派受到压制的年代。

现在可以举例说明，英美人翻译的毛泽东诗词基本是按照对等译论翻译的。如《念奴娇·昆仑》中的名句："而今我谓昆仑：不要这高，不要这多雪。安得倚天抽宝剑，把汝裁为三截？一截遗欧，一截赠美，一截还东国。太平世界，环球同此凉热。"最后几行，美国诗人 Paul Engle 的译文如下：

Give one piece to Europe,

send one piece to America,

return one piece to Asia.

a world in peace,

sharing together your heat and cold.

piece 和"一截"形式上可以算是对等的，但形式并不等于内容，昆仑山三截的内容是什么，那自然是山峰、山腰和山脚了。所以中国学派译者认为英译文 piece 太小，不能表达原词富有雄伟气派的内容，所以就改译如下：

> I'd give to Europe your crest,
>
> And to America your breast,
>
> And leave in the Orient the rest.
>
> In a peaceful world the young and the old
>
> May share alike your warmth and cold.

艺术语言内容大于形式，"环球"的内容是全球的男女老幼，所以译文又译出词的内容了。由此可见，为了表达原文的内容，可以发挥译语的优势，采用最好的译语表达方式。因为译语和原语如不对等，那不是处于优势，就是处于劣势，所以要扭转劣势，争取均势，最好是发挥优势。

西方的对等论在中国发展了，有人提出了"紧身衣"的理论。《中国翻译》1998年第1期《我与译文》一文中说："我不喜欢那种挣脱'紧身衣'，恣意满足译者一己表达欲的翻译；我更反对'发挥汉语优势'，以译本和原著'竞赛'（各种语言都在称职地为操这种语言的人群服务，何来优劣？如何竞赛？）"。文中又说："前市长曾对部分上海人下过'精明而不聪敏'的评语，官方译法是'clever but not wise'……我建议改译作'penny-wise but pound-foolish'，自以为既维持了原文精要和同韵相比（只不过把脚韵改成头韵）的模式，又照顾到受众的理解习惯，曾沾沾自喜不止。"

我的理解，作者所谓的"紧身衣"基本上是"对等"的意思，或者说"不逾矩"中的"矩"，他所谓的"恣意满足译者一己表达欲"，基本上是"从心所欲"的意思。简单说来，他就是反对中国翻译学派的理论："从心所欲不逾矩"。他认为各种语言不分优劣，那就是说，各种语言的表达能力都一样，不分优劣。那我要问：《诗经·采薇》中的"依依"、"霏霏"，西方语文没有对等的表达方式，这不是中文胜过或优于西方语文吗？英文中的 Nes & Yo，中文没有对等词，这不是英文胜过中文的地方吗？把 Nes 和 Yo 译成"有始无终"、"无中生有"，这不是发挥中文四字词组的优势，用中文来和英文竞赛吗？把昆仑山的三个"一截"译成 crest（山峰）、breast 或 chest（山腰）和 the rest（山脚），不是发挥了英文精确的优势，使两种文化都得到提高吗？反对发挥两种语文的优势，对世界文化向前发展是有利呢，还是不利呢？答案是大家都可以看出来的。紧身衣论者对"精明而不聪敏"的译法是 penny-wise but pound-foolish，这几个词的形似译法是用一分钱精打细算，用一块钱大手大脚。意似的译法是小事精明，大事糊涂。这几个英文词用来翻译"精明而不聪敏"像紧身衣一样合身吗？"精明"译成 penny-wise 倒更精确，"不聪敏"译成 pound-foolish 就过分了。其实，这个译文倒是发挥了译文优势的，而论者却反对发挥优势。就是这样和不同的意见论战，中国译论向前发展了。

　　中国传统文化有两宝：长城和短诗（Long Wall and short poems）。长城是保卫和平的，短诗是歌颂和平美德的，这和西方有所不同。西方如荷马史诗《伊利亚特》歌颂的是战争与英雄，如 Hector 离开妻子去打仗时说：

Where heroes war, the foremost place I claim,

The first in danger, as the first in fame.

（冲锋陷阵我带头，论功行赏不落后。）

　　而中国《诗经》如《采薇》描写的却是热爱和平生活、反对战争的士兵（见前）。这些"千古丽句"1990年在广西师范大学召开中美师生座谈会时，还得到休斯顿大学师生的赞扬，合照时大家面露笑容，由此可见中国文化影响的一斑。

　　中西文化的不同，钱锺书先生用了两个音近意远的英文词来说明：duo（二重唱，二重奏）和 duel（决斗，竞争）。如汉代赞美汉武帝李夫人有"倾国倾城"之美，英国 Giles 把"倾国"译成 subverter of the empire（倾覆帝国的人），这就是"决斗式"的翻译。"二重唱式"的翻译呢，那要看写李夫人的四句诗："一顾倾人城，再顾倾人国。宁不知倾城与倾国？佳人难再得。"

At her first glance, soldiers would lose their town;

At her second, a monarch would lose his crown.

How could the soldiers and monarch neglect their duty?

For town and crown are overshadowed by her beauty.

　　"二重唱式"的译文说士兵为了看美人而忘了守城，国王为了美人而不顾王冠，国王和士兵怎么都玩忽职守呢？

因为比起美人来，王冠和王城都相形失色了。这个译文是不是紧身衣论者所说的"恣意满足一己表达欲的翻译"呢？那我要问：译文表达的是不是作者要表达的？作者要表达的是颠覆一个国家和一座城池，还是国王和士兵都玩忽职守呢？如果不是前者，那就可能是后者。所以这是"从心所欲不逾矩"的译文，不是"满足一己表达欲"的译文，倒是紧身衣论者把"不聪敏"译成 pound-foolish 而"沾沾自喜"才真是满足自己的表达欲呢！"不聪敏"怎能译成 foolish？难道原文是要责骂上海人吗？如果不是，那就是译者在满足自己把头韵换成脚韵的表达欲了。

还要补充一点，李夫人这几句诗在国外起了一点小小的作用。据在国外帮助奥巴马竞选连任总统的许明告我，奥巴马请前总统克林顿为他做助选演说，克林顿因为绯闻的事没有同意。许明就把这首关于汉武帝李夫人的诗译文寄去，说中国两千年前的皇帝热爱美人，传为千秋美谈，一点绯闻，算得了什么呢！克林顿就接受了做助选演说，报上说效果比奥巴马自己的竞选演说的效果还好。可见几句短诗也可能起到大作用。

国际译联今年把杰出文学翻译奖授予中国译者，因为译者在使用中文、英文、法文三种语言的人民之间，架设了交流文化的桥梁。作为得奖的译者，首先，我要对国际译联表示深深的敬意和谢意，因为它们的工作对全世界人民的文化交流，甚至对促进世界文化的发展，做出了贡献。其次，我要对推荐我作为得奖人的中国译协表示我的敬意和谢意，没有他们的大力支持和推荐，我的译著和译论也是很不容易走向世界的。第三，我要对中国学派的前辈朱光潜和钱锺书二位先生表示我的敬意和谢意。朱先生肯定意美、音美和形美不但是译诗，而且是写诗所应遵循的标准；钱先生化平凡为神奇的艺术是我一生学习的榜样；还有朱生豪、傅雷二位翻译界的前驱，最后是我中学时代教我英文的余立诚老师，是他教我林肯演说词，使我在美国志愿空军1941年欢宴陈纳德将军时，把三民主义译成 of the people, by the people, for the people，第一次沟通了中西文化。第四，我还要感谢中国翻译界、外语界反对我的译者或译论家，如对等论者、形似而后神似论者、紧身衣论者，还有对我半赞成半反对的博士（如马红军在《从文学翻译到翻译文学》中认为 Waley 译的《诗经》比我译的更好）。自然我更感谢赞成我的博士，如上海外国语大学曹迎春在珠海《独立学院外语界》2011年3期发表的研究《牡丹亭》英译的文章，文中引用外国师生评价，一致认为许译本胜过 Birch（白之）译本。这点非常重要，因为直到今天，《中国翻译》2014年第4期还发表了一篇对等派反对许译李清照《乌江》的文章。现将原诗和许译抄录如下：

生当作人杰, Be man of men while you're alive,

死亦为鬼雄。And soul of souls if you were dead.

至今思项羽, Think of Xiang Yu who'd not survive

不肯过江东。His men whose blood for him was shed.

文章作者说："译文的后两行""与原诗差别较大，作者自己意译的成分较多"。他们认为最后一行应该译成："For he rejected crossing to the east shore of the river heroically."

这就是说，他反对意译，认为应该字对字地把"过江东"译出来。但是他有没有考虑：他的译文读者能够看得懂吗？为什么不肯过江东呢？不是因为项羽无面目见江东父老吗？为什么无面目见江东父老呢？不是因为江东八千子弟兵都为他牺牲了吗？可见这个作者要求译字，不要译意，而这恰恰是中国翻译文学不能走向世界的重要原因。所以这些反面意见非拿出来批判不可。否则，中国的文化梦很难实现。

幸亏新一代的读者没有走对等派的老路。最近得到第三代许越来信，信中说道："我在网上看到很多二爷爷（指我）的崇拜者，他们在这个平台上交流时流露出对二爷爷的作品的欣赏与痴迷让我感到兴奋。有热心的读者每天发一句自己喜欢的许译诗句，与大家分享，我觉得这种渗透到读者生活中，与读者同呼吸、同吐纳的作品，就真的是可以和古诗词一样流传千年的。"我看新一代是实现中国梦的生力军。

最后，我要总结一下。中国学派的文学翻译理论就是孔子说的："从心所欲不逾矩"，既要发挥译语的优势，用最好的译语表达方式，又不要超越原文内容的范围。老子说的："道可道，非常道"应用到文学翻译上来，就是说，翻译之道是可以知道的，但并不是翻译原文的形式，而是传达原文的内容。西方语文比较精确，内容基本等于形式，所以西方语文有90%可以对等翻译。中国语文比较精炼，内容可能大于形式，与西方语文只有约45%可以对等，不对等的非优即劣，所以要避免劣势，争取均势，最好是发挥优势。西方有学者说：Translation is the unity of two languages.（翻译是两种语文的统一。）而中国有学者讲"联合政府"时说过："统一就是提高，国民党好的地方，统一到国民党方面去；共产党好的地方，统一到共产党方面来，所以统一就是提高。"联系到文学翻译上，英译中的时候，要用中文最好的表达方式，中译英的时候，要用英文最好的表达方式，这样就双方都得到提高了。因此，翻译也可以看成是两种语文的竞赛，结果总是优胜劣败的。The unification of two languages is the victory of the better. 其实，James Joyce（乔伊斯）在 *Ulysses*（《尤利西斯》）中造了两个新词：Nes 和 Yo，就是把 Yes（是）和 No（非）两个词互换词头而成的，可以译成"是中有非，非中有是"，联系到翻译上来，就是两种语文总是各有优势、劣势的，如能发挥各自的优势，取得双赢，那翻译就使得世界文化向前发展了。

2014年8月18日

附录

著译评年表 (2005—2014)

2005年

（一）出版著作：

1.《李白诗选》（中英文本），河北人民出版社

2.《诗经选》（中英文本），河北人民出版社

3.《山阴道上——许渊冲散文随笔选集》，中央编译出版社

4.《译笔生花》，文心出版社

5.《约翰·克里斯托夫》（［法］罗曼·罗兰著），燕山出版社

6.《精选宋词与宋画》，（中英文本），五洲传播出版社

7.《论语》（英文本），高等教育出版社

（二）发表文章：

1.《是自负还是自信？》（《山西文学》第1期）

2.《两张照片》（《山西文学》第2期）

3.《我译〈约翰·克里斯托夫〉》（选入《一本书和一个世界》，昆仑出版社）

4.《反驳江枫》（《诗双月刊》2月）

5.《"体"、"神"、"表"平衡模式是评估文学翻译的科学方法吗》（《中国翻译》第2期）

6.《中国是不是"翻译强国"？》（《上海翻译》第2期）

7.《一粒沙中见世界》（《文学翻译报》6月）

8.《翻译批评应力戒主观片面》（《外语与翻译》第3期）

9.《中国学派诗词翻译理论》（《大连外语学刊》11月）

2006年

（一）出版著作：

1.《大中华文库·新编千家诗》（中英文本），中华书局

2.《翻译的艺术》（增订本），五洲传播出版社

3.《最爱唐宋词》（英文本），中国对外翻译出版公司

4.《道德经与神仙画》（中英文本），五洲传播出版社

5.《精选诗经与诗意画》（中英文本），同上

6.《精选毛泽东诗词与诗意画》，同上

7.《白居易诗选》（中英文本），河北人民出版社

8.《杜甫诗选》（中英文本），同上

9.《李煜词选》（中英文本），同上

10.《大中华文库·唐诗三百首》（中英文本），高等教育出版社

11.《大中华文库·宋词三百首》（中英文本，上下

册），同上

12.《大中华文库·元曲三百首》（中英文本），同上

13.《一生必读唐诗三百首鉴赏》（中英文本，合译），中国对外翻译出版公司

14.《李清照词选》（中英文本），河北人民出版社

15.《苏轼诗词选》（中英文本），同上

16.《约翰·克利斯朵夫》（插图本，上下册），国际文化出版公司，中国书籍出版社

（二）发表文章：

1.《典籍英译，中国可算世界一流》（《中国外语》，第5期）

2.《自成一派的文学翻译理论》（中国社会科学院院刊）

3.《科学与艺术》（选入《世界华人学者散文大系》，大象出版社）

2007年

（一）出版著作：

1.《唐诗三百首》（中英文本），中国对外翻译出版公司

2.《一生必读宋词三百首鉴赏》（中英文本），同上

3.《宋词三百首》（中英文本），同上

4.《约翰·克里斯托夫》（节译本，上下册，合译），中国书店

5.《约翰·克里斯托夫》（节译本），光明日报出版社

6.《约翰·克利斯朵夫》（插图本，上下册），燕山出版社

7.《包法利夫人》，凤凰出版传媒集团·译林出版社

（二）发表文章：

1.《山阴道上》后记（《联大校友会刊》转载）

2. 英译《千家诗》序（《解放军外国语学院学报》，第4期）

3.《联大与哈佛》（《联大校友会刊》）

2008年

（一）出版著作：

1.《续忆逝水年华》，湖北人民出版社

2.《精选诗经与诗意画》（中法文本），五洲传播出版社

3.《精选唐诗与唐画》（中法文本），同上

4.《精选宋词与宋画》（中法文本），同上

5.《红与黑》（〔法〕司汤达著），重庆出版社

6.《追忆似水年华》（合译），北京三联书店

7.《大中华文库·李白诗选》（中英文本），湖南人民出版社

8.《大中华文库·苏轼诗词选》（中英文本），同上

9.《追忆似水年华》（上下册，合译），凤凰出版传媒集团·译林出版社

10.《联大人九歌》，云南人民出版社

（二）发表文章：

1. 世界翻译大奖候选论文（中国翻译协会1月）

2.《中国学派的文学翻译理论》（选入《第18届世界翻译大会论文集》）

3.《续忆逝水年华》序言（《联大校友会刊》转载1月）

4.《带着音韵节奏的镣铐跳舞》（《书脉》2月）

5.《中国学派的文学翻译理论》（选入《中国文化与翻译》第一辑）

6.《我所知道的柳无忌教授》（选入《我心中的西南联大》）

7.《追忆逝水年华》（一）（二）（同上）

2009年

（一）出版著作：

1.《约翰·克里斯托夫》（节译本，上下册，合译），三秦出版社

2.《诗经》（中英文本），中国对外翻译出版公司

3.《楚辞》（中英文本），同上

4.《汉魏六朝诗》（中英文本），同上

5.《千家诗》（中英文本），同上

6.《元明清诗》（中英文本），同上

7.《元曲三百首》（中英文本），同上

8.《长生殿》（中英文本，舞台本，合译），同上

9.《牡丹亭》（中英文本，舞台本，合译），同上

10.《桃花扇》（中英文本，舞台本，合译），同上

11.《西厢记》（中英文本，舞台本，合译），同上

（二）发表文章：

1.《读余光中谈译诗》（《明报》3月12日）

2.《〈论语〉译话》八篇（《中华读书报》7月起）

3. 法国雨果《秋叶集》诗译文（波兰《萧邦》译文）

2010年

（一）出版著作：

1. *Les plus grands classiques de la Poésie Chinoise*（最伟大的中国古典诗词）: *Poèmes Chinois du Livre Shi Jing*（《诗经选》）

Poèmes Chinois de la Dynastie des Tang（《唐诗选》）

Poèmes Chinois de la Dyanstie des Song（《宋词选》），法国音乐文化图书公司

2.《约翰·克利斯朵夫》，中国对外翻译出版公司

（二）发表文章：

1.《张智中白话唐诗英译》序（1月）

2.《〈论语〉译话》三篇（《中华读书报》2月，4月，9月）

3.《文化走出去》座谈会发言稿（《海风》3月）

4.《中西翻译理论比较》（《外语与翻译》第2期）

5.《绿野仙踪——忆锺书师》（北京三联书店，英国牛津大学出版社）

2011年

（一）出版著作：

1.《约翰·克里斯托夫》，燕山出版社

2.《逝水年华》（中英文本），外语教学与研究出版社

3.《包法利夫人》（中英文本），凤凰出版传媒集团·译林出版社

（二）发表文章：

1.《中国文化的"花"与"果"》（《光明日报》）

2.《春风化雨：百名校友忆清华》序（清华大学出版社）

3.《一个时代的斯文：清华校长梅贻琦》许序（九州出版社）

4.《〈论语〉译话》一篇（《中华读书报》）

5.《古韵新声——唐诗绝句英译108首》代序（华中科技大学出版社）

6.《〈论语〉译话》两篇（《苹果日报》）

（三）著译：

1.《陈毅诗选》（英译）65首

2.《黄兴诗选》（英译）40首

3. 唐诗法译100首

2012年

（一）出版著作：

1.《许译中国经典诗文集》（14本），五洲传播出版社

2.《中国诗文1000句英文这样说》（吉林出版集团有限责任公司）

3.《红与黑》（中英文本），译林出版社

4.《高老头》，燕山出版社

5.《往事新编——许渊冲散文随笔精选》，海天出版社

6.《画说唐诗》，中国对外翻译出版公司

（二）发表文章：

1.《〈老子〉译话》六篇（《中华读书报》3月至6月）

2.《也译〈红与黑〉汉译大讨论》（《中国翻译》第4期）

3.《再谈中国学派的文学翻译理论》（《中国翻译》第4期）

4.《中国文化走向世界》（北外国际论坛文选12月）

（三）著译：

《唐诗三百首》（法译）

2013年

（一）出版著作：

1.《丰子恺诗画》（许渊冲英译），海豚出版社

2.《艾那尼》（［法］雨果著），译林出版社

3.《玛丽·都铎》（［法］雨果著），同上

4.《许渊冲经典英译古代诗歌1000首》（10本），海豚出版社

5.《许渊冲文集》（27卷），海豚出版社

（二）发表文章：

1.《让中国文化走向世界的四个中国人》（《百家湖》第1期）

2.《让中国文化走向世界的四个人》（《中外文摘》第8期）

3.《中国文化走向世界》（中国海外汉学研究中心会议论文）

2014年

（一）出版著作：

1.《许渊冲英译白居易诗选》（中英文本），中国对外翻译出版公司

《许渊冲英译杜甫诗选》（中英文本），同上

《许渊冲英译李白诗选》（中英文本），同上

《许渊冲英译王维诗选》（中英文本），同上

2.《任尔东西南北风：许渊冲中外经典译著前言后语集锦》，清华大学出版社

（二）发表文章：

1，《文学翻译与中国文化梦》（《中国外语》第5期）

2，《我把唐诗宋词翻译成英文》（《党建》第10期）

许渊冲，1921 年生于江西南昌，1938 年入国立西南联合大学，师从钱锺书、闻一多、冯友兰、柳无忌、吴宓等学术大家。"以诗译诗"的独特才华，使他成为全世界将中国诗词译成英法韵文的唯一专家；他还提出了中国学派的文学翻译理论，并在翻译中积极践行。英译作品有《诗经》《楚辞》《老子》《论语》《唐诗三百首》《宋词三百首》等，法译作品有《中国古诗词三百首》《诗经选》《唐诗选》《宋词选》等，汉译作品有《一切为了爱情》《红与黑》《包法利夫人》《约翰·克里斯托夫》等。

2010 年，继季羡林、杨宪益之后，获"中国翻译文化终身成就奖"。2014 年获国际译联"北极光"杰出文学翻译奖；该奖项是国际翻译界文学翻译领域的最高奖项之一，许先生是首位获得该奖项的亚洲翻译家，也是中国迄今为止获得国际翻译界最高奖的第一人。

译家之言